KB240282

예고된 변화
챗GPT 학교

초판 1쇄 발행 2023년 8월 24일
3쇄 발행 2023년 12월 22일

지은이 송은정

펴낸이 이형세
펴낸곳 테크빌교육㈜
테크빌교육 출판 서울시 강남구 언주로 551, 5층 | **전화** (02)3442-7783 (333)

편집 한아정 | **디자인** 어수미

ISBN 979-11-6346-782-3 03370
책값은 뒤표지에 있습니다.

테크빌교육 채널에서 교육 정보와 다양한 영상 자료, 이벤트를 만나세요!

블로그 blog.naver.com/njoyschoolbooks   **페이스북** facebook.com/teacherville
티처빌 teacherville.co.kr   **쌤동네** ssam.teacherville.co.kr
티처몰 shop.teacherville.co.kr   **체더스** chathess.teacherville.co.kr

이 책의 무단 전재와 무단 복제를 금합니다.
잘못 만들어진 책은 구입하신 서점에서 교환해 드립니다.

예고된 변화
챗GPT 학교

송은정 지음

생성형 인공지능이 바꾸기 시작한
학교와 수업, 그리고 미래역량과 인재상

테크빌교육

최근 기술의 급속한 발전과 그 영향력에 대해 고민이 깊습니다. 그리고 그 중심에는 챗GPT와 같은 생성형 AI의 등장이 있었습니다. 《예고된 변화 챗GPT 학교》는 인공지능 기술이 교육에 어떤 전환점을 가져오는지에 관해 깊이 있는 통찰을 제공합니다. 교육 전문가의 뚜렷한 관점을 바탕으로 이 책은 교실의 변화와 기술의 혁신이 어떻게 조우할 수 있는지 그리고 이를 통한 미래 교육의 지향점이 어떠한지를 체계적으로 제시하고 있습니다. 여러분은 이 책을 통해 생성형 AI의 교육적 활용법을 이해하고, 그것이 어떠한 교육적 가치를 지니며 과연 우리가 어떠한 방향으로 나아가야 할지를 알게 될 것입니다. 교육의 미래를 준비하고 기술과 교육이 만나는 지점에서 혁신을 추구하는 모든 교육자에게 이 책을 적극 추천하고 싶습니다. 변화하는 교육의 최전선, 그리고 생성형 인공지능과 함께하는 새로운 교육의 패러다임으로 향하는 길을 이 책과 함께하시기를 권합니다. 서울특별시교육청교육연구정보원장 백미원 디지털 전환 시대, 우리는 생성형 AI가 불러온 교육혁명에 직면해 있습니다. 인공지능으로 인한 교육의 변화는 공교육 제도의 도입 이후의 어떤 변화보다도 극적이며 영향력이 클 것으로 예상됩니다. 생성형 AI는 전례 없는 방식으로 정보 습득과 지식 전달 방식, 그리고 인간의 학습에 관한 패러다임을 전환시킬 잠재력을 가지고 있습니다. 이런 역동적인 변화의 시기에 학생들에게 어떤 역량을 길러줘야 할지, 또한 교육자로서 어떠한 준비를 해야 할지에 대한 고민은 더욱 깊어져 갑니다. 《예고된 변화 챗GPT 학교》는 이런 고민을 바탕으로 생성형 AI의 교육적 활용과 그것이 가져올 미래 교실의 변화를 깊이 있게 설명하고 있습니다. 이 책은 교육 현장의 변화에 직면한 교육자들뿐만 아니라, 교육의 변화를 탐구하고 실천하는 연구자들, 그리고 미래 교육에 관심 있는 모든 이들이 살펴볼 가치가 있는 책입니다. 이 책을 통해 교육자들이 생성형 AI의 힘을 바르게 이해하고, 윤리적 문제에 대해 관심을 가지며, 보다 안전하게 이용하는 능력을 기르길 바랍니다. 변화하는 교육의 물결 속에서 미래 지향점을 찾는 모든 교육자에게 이 책을 강력히 추천합니다.

광주교육대학교 교수 박남기

새로운 디지털 기술이 등장할 때마다 그 기술에 빠르게 적응하지 않을 경우 뒤처질 것이라는 두려움과 조바심을 갖게 됩니다. 챗GPT의 출현과 함께 시작된 생성형 AI의 시대에 대한 호기심을 갖고 있지만 동시에 혼란을 느끼며 핵심을 정리해 줄 전문가의 서적을 기다렸던 많은 이들에게 이 책은 반갑게 다가올 것입니다. 이 책은 생성형 AI의 본질부터 그 흥미로움, 그리고 교육과 실무에서의 새로운 가능성에 대해 기술과 윤리를 함께 다루되 깊이 있고 다양한 사례를 들어 쉽게 이해할 수 있는 문장으로 설명하고 있으며, 주요 공공기관과 대학의 최신 가이드라인도 다루고 있습니다. 초중고와 대학의 교육자는 물론 다양한 영역의 교육 기획자와 부모 모두 이 책을 통해 생성형 AI를 이해하고 현명하게 활용할 수 있는 통찰력을 얻을 수 있을 것입니다.

경인교육대학교 교수, 미디어리터러시연구소 소장 정현선

"챗GPT 시대에 도대체 어떻게 살아가야 할까요?" Microsoft에 근무한다는 이유로 요즘 가장 많이 받는 질문이다. 이미 대세가 되어 버린 AI 시대에 맞춰, 생성형 AI에 대한 기초적인 이론에서부터 활용하기 좋은 사례와 샘플까지 구체적으로 제시하는 이 책은 선생님들이 현장에서 가까이에 두고 활용하기에 딱 좋은 책이다. 비단 선생님만이 아니라 '챗

GPT 시대에 어떻게 살아가야 할지?'에 관심 있는 모든 이에게 일독을 권한다.

한국마이크로소프트 SMB LEAD 중소기업 리드 김성미

바쁜 시간에 틈내서 빠르게 읽어 내려갔고 시간 가는 줄 모르고 읽었습니다. 요즘 가장 핫한 생성형 AI에 관한 분석이 최고로 잘되어 있는 책이라 해도 과언이 아닐 듯합니다. 몇 번이고 바이블처럼 자주 꺼내서 활용하며 볼 책이라고 생각했습니다.

에듀테크가 통합되는 학습 환경에서는 이제 교사가 학습 설계자로서 초거대 인공지능이라는 기술 간의 상호 작용을 통해 그동안의 교육 환경의 한계를 극복할 수 있을 것으로 기대하게 됩니다. 초대규모 인공지능 기반한 여러 서비스들이 나오면서 세간의 관심이 온통 생성형 AI에 집중되고 있는 가운데, 우리가 바라는 인공지능은 우리에게 그리고 우리의 교육환경에 어떤 도움이 되는 존재인지, 교육적 가능성을 이 책을 통해 더 깊이 있게 알게 되었습니다. 챗GPT에 대한 이해를 높이고 다양한 분석과 이를 활용하는 교육 분야의 핵심 이슈와 활용성에 대해 알고 싶으신 분들께 이보다 더 자세하고 꼼꼼한 분석이 있을 수 있을까요? 챗GPT, 생성형 AI를 이해할 수 있을 뿐 아니라, 활용에 관심이 있는 선생님과 교육 관계자분들, 그리고 챗GPT의 기본에 대해 관심이 있는 학부모분들께, 유용한 참고서가 될 것입니다.

네이버클라우드 웨일 프로젝트 리더 박지희

변화하는 시대, 학교는 안팎의 다양한 요인들로 인해 개별화, 개방화, 다양화, 실제화, 지능화될 전망입니다. 말 그대로 예고된 변화입니다. 인공지능은 예고된 변화의 주요 동인 중 하나입니다. 그러나 인공지능 그 자체가 교육의 바람직한 변화를 이끌지는 못할 것입니다. 교육적인 시선에서 인공지능을 어떻게 바라보고, 선택하고, 활용하고, 확산하느냐가 더욱 중요합니다. '아직' 인공지능은 교육적으로 활용하기에 완벽하지 않다고 말할 수 있습니다. 그러나, '이미' 교육적으로 활용가능한 인공지능들이 많다고 말할 수도 있습니다. 이 책은 저자의 열정적인 경험과 통찰을 바탕으로 '이미' 우리 앞에 놓인 인공지능을 교육적으로 활용할 수 있도록 친절하고 풍부하게 안내하고 있습니다. 이 책은 독자들이 생성형 인공지능의 '아직'과 '이미' 사이에서 '이미'의 가능성을 발견하고, 더욱 좋은 교육을 연구하고 실천하는 데 든든한 길잡이가 될 것입니다.

서울성동광진교육지원청 장학사 이은상

생각해 보면 세상을 바꿀 새로운 기술은 15년 주기로 나왔습니다. 1995년에는 인터넷을 할 수 있는 사람과 없는 사람이 나뉘었고, 2010년에는 스마트폰과 SNS를 할 수 있는 사람과 없는 사람이 나뉘었습니다. 이제 다가올 2025년에는 AI를 활용할 수 있는 사람과 없는 사람으로 나뉠 것이라고 확신합니다. 어차피 다가올 미래라면 먼저 가서 서 있으면 어떨까요? 현장 실천가로서, 늘 거듭나는 연구자로서, 존경하는 송은정 박사님의 신간을 마음 다해 추천합니다.

경기도광명교육지원청 장학사, 참쌤스쿨 대표, 경기실천교육교사모임 회장 김차명

생성형 AI의 등장은 교육 전반에도 큰 변화를 가져왔습니다. 《예고된 변화 챗GPT 학교》는 이러한 변화를 교육 전문가의 시선으로 잘 풀어 설명해 주는 책이라 더욱 반가웠습니다. 생성형 AI의 개념부터 교육적 활용, 생성 AI를 사용함으로써 겪게 되는 교육적 문제와 윤리적 이슈까지, 교육자의 입장에서 설명해 주어 크게 공감이 되는 책입니다. 저자의 다양한 교육적 경험이 생성 AI가 교육 현장에서 어떤 역할을 할지 잘 설명해 주고 있는 책입니다. 생성형 AI시대, 미래 교육에 관심 있는 모든 독자에게 강력히 추천하는 최고의 책입니다.

경상북도교육청연수원 교육연구사 임진숙

생성형 인공지능이 처음 등장했을 때는 AI로 가득한 세상을 살아갈 학생들이 이런 도구와 잘 협업할 수 있도록 학교에서도 잘 가르쳐야겠다는 생각이 먼저였다. 그러나 여러 수업사례를 접하면서, 쉽고 빠르게 답을 얻도록 훈련시키는 것이 제대로 배우는 방법을 가르치는 것인지 의심스러웠고, 도구의 활용에 앞서 반드시 먼저 가르쳐야 하는 것은 무엇일까 고민하면서 머릿속은 엉킨 실타래처럼 혼란스러웠다. 이 책은 마치 잘 정돈된 학습지처럼 한 걸음씩 차분히 그 실마리를 당겨 보라고 말한다. 챗GPT 관련 산만하게 흩어져 있는 정보들을 간결하고 정확하게 전하면서 기능보다 중요한, 교육에서 놓치지 말아야 할 이슈들을 짚어 주고, 막연하지 않은 구체적 용어로 이 시대의 역량과 교육을 정의하면서 교사들이 스스로 해답을 찾아갈 여정을 안내하는 지도 같은 책이다.

가락고등학교 수석교사 장은경

생성형AI의 등장으로 사회 각계각층에서 분야별 활용 방안에 대한 연구가 진행되고 있습니다. 하루가 지나면 또 다른 기술과 활용법이 등장하고 있는 AI 디지털 전환 시대, 교육계에서도 챗GPT 생성형 AI에 대한 연구가 끊임없이 진행되고 있습니다. 쏟아지는 기술의 홍수 속에서 《예고된 변화 챗GPT 학교》는 교육자를 위한 미래지향적인 로드맵을 제시하고 있습니다. 생성형 AI에 대한 이해부터 실질적인 활용 사례와 프롬프트 예시를 담았습니다. 뿐만 아니라 기술적, 윤리적 문제와 미래 교육을 대비한 교육 방향성을 제시하며 독자들에게 큰 영감을 선사해 줄 것입니다. 현장에서 AI 디지털 교육을 실천하는 교사로서 이 책을 교육계에 몸담고 있는 모든 분들과 챗GPT로 인해 변화될 교육에 관심 있는 학부모님들에게 추천합니다.

경기 반송초등학교 교사, 디지털미디어 교육콘텐츠 교사연구협회 몽당분필 대표 박준호

교육자로서 우리는,
생성형 AI를 어디서부터 어떻게
시작해 볼 수 있을까요?

2019년에 OECD가 발표한 〈2030년을 위한 미래 교육과 기술〉 보고서•
에는 "기술과 교육의 경주"에 관한 내용이 담겨 있습니다. 골딘(Claudia Golden)과 캐츠(Lawrence Katz)는 미국의 사회 불평등, 특히 임금 불균형 현상의 진행 과정을 연구했는데 이 연구에서 교육과 기술의 발전 속도가 다를 수는 있으나 그 격차가 커지면 사회적 고통이 심화된다는 점을 이 야기했습니다. 지식기반사회에 적합하지 않은 교육체제는 결국 격차와 갈등을 발생시킨다는 말이지요. 우리가 기술의 발전에 맞추어 교육을 끊 임없이 변화시켜 나가야 하는 이유입니다.

시대가 바뀌면서 기술의 발전은 꾸준히 주제와 이름을 달리해 왔는데

• Organisation for Economic Co-operation and Development(2019). OECD future of education and skills 2030: OECD learning compass 2030. A series of concept notes.

지금 우리가 마주한 기술 발전의 명칭은 디지털 전환입니다. 국가 수준 교육과정에서 새로운 변화가 이미 시작되었습니다. 새 교육과정에서는 미래사회가 요구하는 역량과 기초소양을 함양할 수 있는 교육과정을 마련하면서 '디지털 소양'을 우리 학생들의 기초소양으로 새롭게 추가해 두었습니다. 이는 굉장히 놀라운 일입니다. 디지털을 다루는 능력이 글을 쓰고 셈을 하는 '언어 소양'이나 '수리 소양'만큼이나 이제 인간에게 중요해졌고 따라서 앞으로는 공교육에서 책임을 가지고 교육하겠다는 것이 공식화된 일이니까요.

또한 새 교육과정에서는 모든 교과를 통해 학생들이 언어, 수리 그리고 디지털 소양을 함양할 수 있도록 수업을 설계하기를 권하고 있습니다. 학교에서 이 소양들을 키워 주면 학생들이 학교 교육에서, 그리고 성인이 되어서도 학습을 지속할 수 있는 능력을 갖출 수 있을 것이라고요.

디지털 이슈 가운데 가장 최신의 이슈이자 가장 막강한 이슈는 단연 인공지능입니다. 그중에서도 챗GPT로 대표되고 있는 생성형 인공지능입니다. 챗GPT를 처음 접하면 모두가 흥분에 휩싸입니다. '이렇게 놀라운 기술을 어떻게 잘 쓸 수 있을까?' 하는 기대 반, 그러면서도 '이렇게 놀라운 기술을 정말 일상생활에 사용해도 문제가 없을까?' 하는 염려 반의 마음에 이르게 됩니다. 특히나 교육자분들은 폭풍처럼 느껴지실 인공지능 기술을 약간 떨어진 곳에서 바라보며 아마도 혼란을 겪고 계실 듯합니다. 교실에서 챗GPT 사용을 허락해야 할까? 만약 사용한다면 몇 살부터가 적절할까? 챗GPT가 글쓰기를 대신한다면 아이들은 스스로 생각하는 능력을 잃어버리지 않을까? 이 모든 것에 가이드라인이 주어진다면, 나는 챗GPT를 잘 배워서 수업과 업무에 잘 쓸 수 있을까?

이 책은 교육자분들의 이런 고민을 해소해 드리기 위해 쓴 책입니다. 생성형 AI의 기술적 원리와 현황, 의의를 아주 쉽게 하지만 빠짐없이 설명해 드리기 위해 정리하고 또 다듬었습니다. 교무실과 교실에서, 교육청과 연구실에서 바로 적용해 보실 수 있도록 챗GPT 실무 활용사례를 여럿 소개해 두었고, 지금 교육계의 모든 이슈를 한 번에 모아 보실 수 있도록 정리해 두었습니다.

1장에는 생성형 AI의 개념과 원리를 정확하면서도 쉽게 풀어 설명해 두었습니다. 생성형 AI의 교육적 가능성을 제시하여서 교육자들이 왜 생성형 AI를 꼭 이해해야 하는지 공감하실 수 있도록 해 보았습니다.

2장에는 교육실무에 생성형 AI를 사용하는 사례를 상세히 담아 보았습니다. 교사, 교육행정가, 관리직(정책가), 교수(연구자)를 구분해 활용사례를 따로 정리했는데 챗GPT에 바로 입력해 보면서 실습해 보실 수 있도록 질문 프롬프트 샘플과 템플릿을 여럿 만들어 제시해 드렸습니다. 다양한 생성형 AI 서비스들도 소개해 두었습니다.

3장에는 생성형 AI와 관련된 핵심이슈들을 빠짐없이 정리해 두었습니다. 연령가 및 대필 문제에 해당하는 활용주체 문제, 할루시네이션과 데이터 의존성 등의 기술적 문제, 편향이나 저작권, 양극화, 환경문제를 포함한 윤리적 문제로 사안을 정리해 두었고 마지막에는 유네스코, 행안부, 교육부, 서울시교육청, 대학에서 공시한 안전 활용 가이드라인을 수록하고 간단히 해설해 두었습니다.

마지막 4장에서는 생성형 AI 시대의 역량과 교육에 대해 이야기했습니다. 사라져 가고 있는 그리고 양극화되어 가고 있는 일자리에 대해 다루었고, 인간의 가치를 부가할 줄 아는 인간적 인재상을 소개해 두었습니다. 생성형 AI에 질문을 잘하는 방법에 대해서도 소개해 두었습니다. 생성형 AI 시대의 새로운 교육에 대해서는 누가, 무엇을 가르칠 것인지, 어떻게 평가하게 될 것인지, 왜 생성형 AI를 사용해 교육해야 하는지에 대해 다루었습니다.

이 책이 교육현장에서 챗GPT로 대표되는 생성형 AI를 올바르게 활용하는 데 도움을 주는 기초 소양서로 쓰이기를 바라며 본 도서를 집필했습니다. 역설적이게도 AI 시대에는 인간의 가치가 더욱 돋보여 교사의 역할이 훨씬 중요해지기 때문입니다.

데이터에 근거해 말을 자연스럽게 만들어 내는 챗GPT는 정보의 정확성을 온전히 담보하지 못합니다. 사람의 자리가 여기에 만들어집니다. 생성형 AI가 만들어 낸 데이터가 온 세상을 채워 버릴수록 사람이 만든 실제 데이터가 '자연산'으로 귀하게 취급될 것입니다. AI로 학생들에게 개별화된 피드백을 즉각적으로 제공한다고 하더라도 교사의 빈자리가 크게 느껴질 것입니다. 왜냐하면 빅데이터를 넘어 굿데이터가 각광받는 시대가 도래하기 때문입니다.

다가오는 시대에는 거짓 정보를 판단하고 확인할 수 있는 메타 인지를 포함한 '디지털 리터러시' 교육이 필수적입니다. AI의 답변을 비판적으로 사고하고 성찰하여 여기에 인간 고유의 가치를 더할 수 있는 역량을 키워야 합니다. 새로운 기술을 어떻게 하면 윤리적으로 활용할 수 있을지도 꼭 알아야 합니다. 학교에서 디지털 리터러시를 학생들에게 잘 지도한다면 우리 아이들은 AI 시대에 증대될 부와 유휴시간을 올바르게 나누며 불평등으로부터 멀어질 수 있을 것입니다.

지금 이 글을 읽고 계시는 분들에게 화두를 던져 봅니다. 교육자로서 나는 생성형 AI를 어디서부터 어떻게 시작해 볼 수 있을까요? 챗GPT 시대를 맞아 새로운 교육 여정을 이 책과 함께 시작해 보시면 좋겠습니다. 부디 이 책을 통해 여러분이 조금이라도 자기만의 답에 가까워지시기를 기대합니다.

2023년 8월
송은정 드림

차례

Part 1

생성형 AI의 등장

출현, 생성형 AI

열광의 요인들

교육적 가능성

: 생성형 AI가 생성해 내는 것들

generative
AI

Part 2

실전! 생성형 AI 교육실무 활용법

: 업무별 질문 프롬프트 샘플 및 분야별 생성형 AI 서비스 소개

업무별 활용사례 및 질문 프롬프트 샘플

써 보자! 생성형 AI

분야별 생성형 AI 서비스 25개

챗GPT 질문의 기술

: 완전 쉬운 프롬프트 엔지니어링 가이드

Part 3

생성형 AI, 교육 분야 핵심이슈 한 번에 모아보기

활용 주체의 문제

기술적 문제 : 정확도와 신뢰도

윤리적 문제

교육 기관을 위한 생성형 AI 활용 가이드

Hello! how can i assist you today? ▮

Part

1

생성형 AI의 등장

출현, 생성형 AI

등장, 챗GPT

미국 시사주간지 《타임(TIME)》은 2023년 2월 27일자 표지에 챗GPT를 실었다*. 기자는 《타임》의 표지를 어떻게 기획하면 좋을지를 챗GPT에 게 물었고 챗GPT가 한 답변을 그대로 표지화했다. 3개월여 전인 2022년 11월 30일, 오픈AI(OpenAI)는 대화형 인공지능 챗GPT 3.5(ChatGPT 3.5)를 세상에 공개했는데 불과 두 달 후 챗GPT의 월간 사용자가 1억 명을 돌파했다. 사람들은 챗GPT로 글을 쓰고, 언어를 번역하고, 프로그래밍 코드를 만들어 내기 시작했다. IT 업계에서는 챗GPT가 아이폰에 이은 새로운 '게임 체인저'일 것이라 전망하고 있다.

● Chow, A. R., & Perrigo, B. (2023, February 17). The AI Arms Race Is Changing Everything. Time. https://time.com/6255952/ai-impact-chatgpt-microsoft-google/

이 인공지능은 지금껏 등장했던 그 어떤 인공지능 서비스보다도 짧은 시간에 사람들의 관심을 드높이며 사회 속으로 스며들었다. 사람들은 예전에 '이루다'와 '심심이' 같은 챗봇 서비스를 이미 접한 상황이었지만 챗GPT를 향한 반응은 전례 없이 뜨겁다. 챗봇을 재미 삼아 체험해 보는 정도였다면 이제는 챗봇을 적극적으로 업무에 도입하거나 챗GPT를 통해 비즈니스를 확장하려는 시도들이 이어지고 있다. 이로서 챗GPT는 빅테크 기업들이 각축하는 격전지이자 새로운 블루오션을 열었다.

마이크로소프트(MS)는 오피스와 챗GPT의 기술을 결합한 '코파일럿(Copilot)'을 공개했다. 코파일럿은 내가 원하는 결과물을 문장으로 입력하면 자동으로 문서를 작성해 주고 파워포인트 프레젠테이션까지도 만들어 준다. 엑셀에서 코파일럿을 사용하면 데이터로부터 전문가 수준의 인사이트를 찾아 주고 시각화를 생성해 준다. 코파일럿이 공개된 후, 유튜버들은 '사무직의 종말' 과 같은 제목의 리뷰 영상을 앞다투어 올렸다.

그렇지만 생성형 AI가 인류에 기여할 가능성에 대한 기대감도 높다. 머신러닝 대모라 불리는 페이 페이 리(Fei-Fei Li) 미국 스탠포드대 교수는 생성형 AI를 "AI의 위대한 변곡점"이라고 최근 스탠포드 HAI연구소의 보고서 〈스탠포드HAI가 본 생성형 AI●〉에서 밝혔다. 빌 게이츠는 자신의 블로그에 올린 "AI 시대가 열렸다"라는 제목의 글에서 "AI는 휴대전화, 인터넷만큼 혁명적"이라며 AI가 불평등을 줄여 세상을 더 공평

● Generative AI: Perspectives from Stanford Hai. Stanford Institute for Human-Centered Artificial Intelligence. (n.d.). https://hai.stanford.edu/generative-ai-perspectives-stanford-hai

하게 만드는 데 도움을 주리라 예상했다**. 그리고 AI가 인류에 도움이 되기 위해서는 "대부분의 발명과 마찬가지로 AI는 좋은 목적으로 사용될 수도 있고 악의적인 목적으로 사용될 수도 있으니 정부는 위험을 제한하는 방법에 대해 민간 부문과 협력해야 한다"면서 민간과 정부의 협력을 강조했다.

20세기의 가장 위대한 발명가 중 한 명인 니콜라 테슬라(Nikola Tesla)는 1900년에 "자신만의 생각(own mind)을 가진 기계"의 등장을 예언했다***. 그는 이 기계에게는 "우리가 가장 열망하는 꿈을 실현할 수 있는 잠재력이 있다."면서, 이 기계가 인간의 지능을 능가할 수 있다고 언급했다. 테슬라는 이 기계가 다음과 같은 다양한 작업을 수행할 수 있다고 말했다.

· 복잡한 문제 해결
· 창의적인 생각
· 새로운 아이디어 발명
· 자신의 생각을 표현
· 인간과 상호 작용

당시 테슬라의 예언은 많은 사람들에게 충격을 주었다. 그 시절만 하

●● Gates, B. (2023, March 21). The age of ai has begun. GatesNotes.com. https://www.gatesnotes.com/The-Age-of-AI-Has-Begun
●●● Nikola Tesla. (1900, June). The problem of increasing human energy. The Century Magazine, 175-211. https://teslauniverse.com/nikola-tesla/articles/problem-increasing-human-energy

더라도 기계가 스스로 생각할 수 있다는 발상은 공상과학에 가까운 것이었기 때문이다. 그러나 오늘날 우리는 점점 똑똑해지는 인공지능을 맞이하고 있다.

기계의 능력이 인간과 비슷해졌다는 것은 어떻게 알 수 있을까? 영국의 수학자 앨런 튜링(Alan Turing)의 이름을 딴 튜링 테스트는 기계가 인간만큼의 지능적 행동을 보이는지 확인하는 실험이다[*]. 이 실험에서는 인간 심사위원이 인간 참가자 및 기계 참가자와 대화를 나눈다. 심사위원이 누가 인간이고 누가 기계인지 확실하게 구분하지 못할 정도로 기계가 자연스럽게 대화를 나눌 수 있다면, 기계가 인간만큼의 지능을 가지고 있어서 인공지능을 보유한 것으로 간주한다. 튜링 테스트 이후에도 기계 지능의 다양한 측면을 평가하기 위해 위노그라드 스키마 챌린지(Winograd Schema Challenge)나 러브레이스 테스트(Lovelace Test) 등 다양한 방식이 개발되었다. 최근의 생성형 AI 기술은 튜링 테스트를 비롯한 다양한 실험들을 통과하여 인간의 능력에 필적하는 지능을 자랑하고 있다.

인공지능은 이미 우리 삶에 큰 영향을 미치고 있으며 그 영향력은 앞으로 더 커질 것이다. 생각하는 기계가 등장할 것이라는 테슬라의 예언은 이미 사실로 다가왔다. 우리가 사용하는 도구에 불과했던 인공지능이 이제는 우리의 능력을 점차 넘어서기 시작했다. 우리들의 미래는 항상

● Turing, A. M. (2012). Computing machinery and intelligence (1950). The Essential Turing: the Ideas That Gave Birth to the Computer Age, 433-464.

불확실하지만 인공지능은 인류의 삶에 큰 영향을 미칠 잠재력이 있다. 그러므로 우리는 인공지능의 원리에 대한 이해를 통해 기술에 대한 다양한 견해들을 균형있는 시각에서 바라보며, 이 기술이 인류에 이롭게 사용되는 방안을 모색할 필요가 있다.

그러므로 챗GPT는 거대한 변화의 시작이다. 초거대 AI의 영역은 매우 폭넓고, 챗GPT는 그중 일부일 뿐이지만 인간의 삶 속에 언어가 차지하는 비중이 얼마나 큰지를 생각해 보면 챗GPT의 잠재력은 무한하다. 인공지능은 갈수록 인간의 지능과 잠재력을 닮아 간다. 구글을 비롯한 전 세계 빅테크 기업들은 앞다투어 인공지능 개발에 몰입하여 이른바 AI 전쟁의 서막이 올랐다. 교육계에서도 기술력에 상상력을 더하여 챗GPT의 가능성을 충분히 활용해 볼 필요가 있다. 그리고 예상되는 문제점을 파악해 대비하는 자세가 필요하다. 또한 챗GPT로 변화하고 있는 세상 속에서 우리 아이들에게 어떤 역량을 길러 주어야 하는지에 대한 담론이 보다 활발해져야 하는 시점이다.

챗GPT 알아보기

챗: Chat, 대화형 인터페이스

챗GPT는 채팅 기반의 인공지능 서비스다. 챗GPT가 대중을 대상으로 성공을 거둔 이유는 이용자가 친숙한 채팅 상황에서 질문하고 답하는 대화 과정을 통해 정보를 제공받을 수 있기 때문이다.

채팅은 대화형 인터페이스(CUI; Conversational User Interface)의 대표

적 형태다. 인간은 컴퓨터에게 명령을 내릴 때 커맨드라인에 명령어를 입력해 넣거나(CLI; Command-line User Interface), 그래픽으로 된 아이콘이나 메뉴를 선택하는(GUI; Graphic User Interface) 과정을 거쳐 왔다. 이후 등장한 대화형 인터페이스는 아마존 알렉사를 시작으로 인공지능 스피커의 형태로 우리 삶 속에 보급되기 시작했다. 대화형 인터페이스가 텍스트 형태로 구현되면 채팅 서비스이고, 보이스 형태로 구현된 것은 인공지능 스피커다. 대화형 인터페이스의 장점은 분명하다. 특별한 사용법을 배울 필요가 없이 누구나 쉽게 기기에게 바로바로 명령을 내리거나 정보를 얻을 수 있다는 것이다. 1:1 채팅 상황에서 일상적 대화로 정보를 제공해 주는 챗GPT의 강력한 친숙함과 편리함은 우리의 삶에 챗GPT를 급속도로 파고들게 하여 안착시켰다.

G: Generative, 생성형 인공지능

챗GPT는 생성형 AI다. 챗GPT는 '무엇이든 만들어 드립니다' 하는 만능 비서처럼 사용자를 돕는다. 생성형 AI는 기존의 데이터나 모델을 기반으로 정해진 답변이 아니라 스스로 독창적인 답을 만들어 낸다. 생성형 AI가 만들어 주는 콘텐츠는 글뿐만 아니라 사진, 음성, 영상, 코드, 시뮬레이션 결과 등도 포함된다. 이제는 누구든지 간단한 문장만 입력하면 새로운 콘텐츠를 쉽고 빠르게 만들어 낼 수 있는 시대가 열렸다.

생성형 AI는 사람이 AI에게 어떤 것을 만들어 달라고 요구하면, 그 요구에 맞춰 결과를 만들어 내는 인공지능이다. 다른 AI들과 다르게, 인공지능에 특정 개념을 학습 시키는 것이 아니라 데이터 원본을 제공하고 나머지 부분을 예측하도록 유도하여 그 과정에서 AI도 추상적인 표현을 해낼 수 있도록 하는 모델이다. 즉, 생성형 AI는 주어진 학습 데이터의 분포를 따라서 유사한 데이터를 생성하는 모델이다. 확률적 추정에 따라 재현적으로 새로운 데이터를 만들어 내는 것이다. 따라서 원본과 유사하지만 동일하지는 않은, 즉 실존하지는 않지만 세상에 있을 법한 새로운 이미지, 비디오, 오디오, 텍스트 또는 코드 등의 창작물을 연속적으로 만들어 낸다.

이 모델이 학습 데이터와 유사한 샘플을 만들어 내는 방식은 여럿이 있는데 대표적으로는 학습 데이터의 분포를 기반으로 하는 모델(Explicit density)과 그런 분포를 몰라도 샘플링을 반복하여 특정 확률 분포에 수렴시키는 모델(Implicit density)로 나뉜다.

생성형 AI는 빅데이터 안에서 패턴과 관계를 학습하여서 이를 바탕으로 기존의 창작물과 유사하지만 새로운 콘텐츠를 만들어 낸다. 챗GPT는 초거대 생성형 AI이고 방대한 언어 데이터가 학습되어 있어서 어떤 글이 주어질 때 그다음에 나올 단어 등을 확률적으로 추론하여 새로운 글을 만들어 내는 것이다. 이는 인간이 글을 생성하는 방식과 크게 다르지 않은 자연스러운 방식이기도 하다.

우리 주변의 거대 언어 모델(LLM; Large Language Models)과 생성형 AI의 발전은 그 규모와 정교함의 증가 속도가 매년 평균 10배씩이라고 한다●. 실제로도 AI가 만들어 내는 다양한 멀티미디어 및 콘텐츠의 수준

● Large language models: A new moore's law? Hugging Face — The AI community building the future. (n.d.). https://huggingface.co/blog/large-language-models

이 인간이 만들어 내는 것과 동일 수준에 이르렀다고 평가하는 이슈들이 속속 등장하고 있다.

P: Pre-trained, 사전 학습

챗GPT는 사전 학습을 통해 대규모 데이터로 훈련된 모델이다. 챗GPT는 방대한 규모의 데이터를 미리 학습하여 마치 인간처럼 고도의 판단 능력으로 다양한 업무를 수행할 수 있게 되었다. 지금도 많은 사람이 기억하고 있는 알파고는 바둑 분야에 특화되어서 인간을 능가하는 능력을 보여 줬다. 챗GPT는 초거대 언어 모델에 담겨 있는 수많은 문제 상황을 미리 학습하였고, 그런 이유로 광범위한 영역에서 일반적인 문제들을 해결할 수 있다.

기계를 학습시킬 때 일반적인 상황에서 발생되는 수많은 데이터에 일일이 정답값을 매겨서 학습시키는 것은 아주 어려운 일이었다. 그런데 전이학습 기법이 발달되면서 이제는 좀 더 쉽게 일반적이면서도 섬세한 인공지능을 만들어 낼 수 있게 되었다. 전이학습이란 사전에 학습된 모델을 활용하고, 은닉층(hidden layer)의 일부만을 재학습시켜서 원하는 목표를 달성하게 하는 머신러닝 기법이다.

전이학습은 원하는 분야의 데이터가 적을 때 힘을 발휘하는데, 예시를 보여 주는 횟수에 따라 제로샷, 원샷, 퓨샷 러닝 알고리즘이 사용된다. 제로샷은 이름 그대로 예시를 하나도 보여 주지 않고도 답을 찾도록 하는 것이고, 원샷 러닝은 하나의 예시를, 퓨샷 러닝은 몇 개의 예시를 보여 주는 것이다. 챗GPT는 퓨샷 러닝을 통해서 개발된 것으로 알려져 있다.

이런 이유로 생성형 AI는 제너럴리스트로서 거의 모든 일을 적당히 해낼 수 있지만 스페셜리스트로서 특정 분야에 더욱 적합해지려면 '미세 조정(Fine Tuning)'을 거쳐야 한다. 챗GPT 역시 더 나은 성능을 위해 인간 피드백 기반 강화 학습(RLHF; Reinforcement Learning with Human Feedback)이라는 미세 조정 방식이 적용되었다. 오픈AI는 챗GPT의 모든 단계에 사람을 개입시켜서 전문 분야에서의 성능을 개선하고 윤리적 문제 발생의 위험을 줄여 나가고 있다.

또한 챗GPT는 인공 '지능'이지만 인간과 같은 방식으로 학습하는 능력은 없다. 인간은 대화를 주고받으며 그때그때 뭔가를 배워 영향을 받을 수 있는데 챗GPT는 사전 학습 모델이기 때문에 실시간으로는 깨닫고 변화되지 못한다. 물론 대화 내역을 기억해서 해당 대화 안에서만큼은 사용자 요청을 반영할 수는 있다. 하지만 기본적으로는 미리 학습해서 저장된 데이터와 모델을 기반으로 인간에게 응답해 줄 뿐이다.

이러한 한계들에도 불구하고 생성형 AI는 더욱 유능해질 것이다. 인공지능 개발자들이 새로운 데이터로 챗GPT를 계속 훈련시키고 모델을 미세 조정하는 과정을 진행함에 따라 챗GPT가 끊임없이 배우며 발전하고 있기 때문이다. 컴퓨터의 답변이 어설펐던 시절도 있지만 꾸준히 정교해져 갔던 과거를 기억해 보면 챗GPT의 능력도 앞으로 계속 업데이트되어 갈 것이 분명하다.

T: Transformer, 트랜스포머 알고리즘

챗GPT는 트랜스포머(Transformer) 알고리즘을 기반으로 작동된다. 이전의 자연어 처리 알고리즘은 데이터를 순차적으로 처리하는 순환 신경망

(RNN; Recurrent Neural Network) 방식으로 언어를 학습했는데 이 방식은 단어가 연결되어 나갈 때 앞뒤 단어의 상관관계만을 고려하기 때문에 문장이 길어지다 보면 맨 처음과 끝의 내용이 엉뚱하게 달라지는 문제가 발생한다.

그런데 트랜스포머 알고리즘은 글 전체에서 서로 연관성이 높아서 중요하게 여겨지는 단어들에 가중치를 준다. 이 과정이 수많은 사례를 통해 반복 학습되면 인공지능은 마치 인간이 경험을 쌓을 때와 마찬가지로 단어들 간의 연관관계를 점차 뚜렷하게 인식하게 된다. 즉 사람처럼 글 안의 여러 내용 가운데 중요 내용에 더욱 '집중(Attention)'할 수 있게 되는 것이다. 멀리 떨어져 있는 단어들 간의 관계까지 고려하여 글의 전체적 맥락과 의미를 아는 것이 가능해진 것이다.

즉 챗GPT는 나무가 아니라 숲을 보는 것처럼 글의 전체적 맥락을 파악하고 이를 바탕으로 중요 내용에 선택적으로 집중하는 원리를 통해 사람과 같이 자연스러운 글을 써 낼 수 있는 것이다. 또한 트랜스포머 알고리즘은 데이터를 순차적으로뿐만 아니라 병렬적으로도 처리하여서 학습 속도를 비약적으로 향상시켰다.

바드 알아보기: 구글의 챗GPT 대항마

바드(Bard)는 사전적으로 '음유 시인'을 뜻하는 영단어다. 고대 켈트 문화권에서 시인, 악사, 역사가, 이야기꾼을 가리키는 말로 사용되었다. 그들은 주로 이곳저곳을 떠돌아다니며 연주나 노래 또는 시를 읊으며 영웅의

무용담을 찬양하고 각지에 퍼뜨리는 역할을 했다고 한다. 바드는 셰익스피어의 별칭이기도 하다.●

구글은 오래전부터 대화형 AI를 통해 정보와 컴퓨팅의 진입 장벽을 크게 낮출 수 있다고 여겼다. 2021년 전 구글은 자연스럽게 주고받는 대화를 지원하는 대화형 AI 모델인 LaMDA(이하 '람다', 대화 애플리케이션용 언어 모델)를 공개했으며 2022년에는 AI 테스트 키친(Test Kitchen)을 선보였다. AI 테스트 키친은 사용자가 람다에 대해 알아보고, 직접 사용해 보고, 의견을 제공할 수 있는 새로운 공간이다.

구글의 바드(https://bard.google.com)는 이러한 기술들을 기반으로 삼은 생성형 AI이자 인공지능 검색 엔진 서비스다. 구글은 일찍이 AI의 잠재력을 인식하고 거대 언어 모델을 자사의 여러 서비스에 적용해 왔다. 구글은 지메일의 문장 자동 완성 기능을 개발하거나 구글 번역과 검색 서비스의 품질을 개선하는 데 이미 거대 언어 모델을 적용했었다. 바드는 거대 언어 모델을 기반으로 대화형 인터페이스를 통해 사용자가 생성형 AI와 협업할 수 있도록 설계되었다.

구글은 바드가 생산성, 창의성 및 호기심을 뒷받침할 수 있는 유용한 도구이며 이용자에게 창의적이고 도움을 주는 조력자 역할을 할 수 있다고 밝혔다. 구글이 소개한 바드의 역할과 사용 시 유의점은 다음과 같다●●.

● Vocabulary.com. (n.d.). Bard. In Vocabulary.com Dictionary. https://www.vocabulary.com/dictionary/bard
●● 출처 1: Google. (2023a, April 4). 바드에 대하여: 시작 단계의 생성형 AI 실험. Google 한국 블로그. https://korea.googleblog.com/2023/04/about-bard.html
출처 2: Google. (n.d.). Use Bard - Computer - Bard help. Google. https://support.google.com/bard/answer/13275745

바드의 역할

· 생산성: 이용자들은 바드와의 협업을 통해 자신에게 주어진 시간을 최대한 활용할 수 있습니다. 예를 들어, 이용자가 파티를 계획하고 있다고 가정해 보겠습니다. 이용자는 바드를 활용해 간편하게 할 일 목록과 초대장의 개요를 작성함으로써 자신의 시간과 능력을 더 중요한 작업에 할애할 수 있습니다.

· 창의성: 바드는 또한 이용자가 아이디어를 현실화하거나 창의력을 새로운 방식으로 발휘하도록 도와줍니다. 예를 들어, 블로그 게시물을 작성할 경우 바드가 개요를 구성하고 어떻게 시작할 지를 알려주는 덕분에 이용자는 빈 페이지를 앞에 두고 고민하지 않아도 됩니다. 또한, 바드는 시, 단편 소설, 슬로건 및 기타 창의적인 작업물을 작성함으로써 창의성에 영감을 불러일으킬 수 있습니다.

· 호기심: 관심 있는 아이디어나 주제를 탐색할 때 바드를 활용한다면, 호기심을 채우고 해결하고 더 키울 수도 있습니다. 예를 들어, 바드는 복잡한 개념을 간단하게 설명하거나 주제에 대한 적절한 인사이트를 제공함으로써 이용자가 더 많은 것을 탐색하고 배우도록 영감을 줄 수 있습니다.

바드 사용 시 유의점

· Bard의 대답을 의학적, 법적, 재정적 또는 기타 전문적인 조언으로 신뢰해서는 안 됩니다.

· Bard의 대답은 Google의 견해를 대변하지 않으며 Google이 작성한 것으로 간주해서는 안 됩니다.

· 오픈소스 라이선스가 적용될 수 있는 코드 사용에 대한 책임은 개발자에게 있습니다. 코드 및 인용에 관해 자세히 알아보세요.

· Bard가 부정확하거나 부적절한 정보를 제공할 수 있습니다. 여러분의 의견은 Bard를 더 유용하고 안전하게 만드는 데 도움이 됩니다.

구글 바드는 다양한 형태의 데이터를 입력받고 출력하는 데 강점이 있다. 구글 바드에서는 음성으로 질문을 입력할 수 있고, 생성된 텍스트를 즉시 음성으로 읽어주기도 한다. 그리고 간단한 스케치나 스크린샷을 업로드하면 이미지 상의 모습을 구현하는 코드를 만들어 준다. 생성된 코드는 구글 코랩(Colab)이나 리플잇(Replit) 등 코드를 관리할 수 있는 클라우드 개발환경으로 바로 내보낼 수 있다. 그리고 음식 사진에서 칼로리 등 영양 정보를 분석해서 알려 주고, CT 사진이나 그래프 이미지를 분석하여 관련된 인사이트를 전해 준다.

열광의 요인들

정보 습득의 새로운 패러다임
: 검색결과가 아니라 답을 얻는다

챗GPT는 대화형 인터페이스로서 대중의 엄청난 호응을 이끌어 냈다. 기존의 채팅이나 인공지능 스피커 같은 대화형 인터페이스는 스마트폰에 인공지능 비서의 형태로 탑재되면서 계속 보급이 되기는 했지만 뜨뜻미지근한 반응이 이어지는 게 보통이었다. 사람들의 말을 잘못 알아듣거나 겨우 말을 알아듣더라도 간단한 명령만 수행할 수 있는 한계가 있어 사람들의 생각보다 사용이 불편했기 때문이다.

챗GPT의 가장 두드러진 장점은 친숙한 대화 형태로 사용자가 원하는 '답'을 아주 빠르게 제공해 준다는 점에 있다. 검색 엔진에서 정보를 검색하면 관련 정보가 담긴 웹페이지와 사진들을 나열해 주기 때문에 내가 원하는 답을 찾으려면 링크를 하나하나 클릭해서 내용을 파악해 보아야만 한다. 심지어 검색 엔진이 보여 주는 결과에는 정보를 가장한 광고나

광고를 가장한 글도 뒤섞여 있다. 그런데 챗GPT는 채팅창에 물어보기만 하면 인공지능이 즉시 답을 뿌려 준다. 검색하고 나서 헤매는 번거로운 과정이 생략되기 때문에 정보를 알아보는 데 쓰는 에너지가 대폭 절약된다. 즉 "관련 있는 정보가 있을 만한 곳을 알려 줄 테니까 일일이 들어가서 찾아봐."라는 식이 아니라 "네가 궁금해 하는 그것에 대한 답은 딱 이거야."라는 식이다. 즉문즉답의 간편함에 감탄한 우리는 챗GPT에 열광한다.

이제 정말 기계와 대화한다

챗GPT의 또 다른 장점은 일상적인 구어체로 자연스럽게 물어보기만 하면 꽤 괜찮은 수준의 답을 얻게 된다는 점이다. 챗GPT는 사용법을 따로 배울 필요가 없다. 그냥 채팅창에 내가 원하는 내용을 물어보기만 하면 된다. 챗GPT에게 어떤 주제에 대해 장단점을 말해 달라고 하면 장점과 단점을 나누어 몇 가지 항목으로 정리해서 알려 준다. 예를 들어 "쉽게 설명해 달라."라고 부탁을 하면 쉽게 이해할 수 있도록 예시를 제공해 준다.

그리고 최근 챗GPT가 주목을 끌게 된 이유 중 하나는 사용자 경험이 굉장히 자연스러워졌다는 것이었다. 이전 챗GPT 3 시절만 하더라도, 대부분의 사용자는 기계와 대화하고 있다는 느낌을 받았었다. 가끔은 전혀 맥락에 맞지 않는 답변을 하고, 무엇보다도 농담이 배제된 딱딱한 어투가 사람들에게 '기계스러움'으로 느껴졌다. 그런데 챗GPT 3.5 이후부터는 이런 부분들이 획기적으로 개선되었다. 챗GPT를 사용해 본 많은 사람들이 '다소 어설프지만 이제 조금은 사람과 대화하는 것 같다'는 느낌을 받았다고 말한다. 대화가 자연스러워지자 사람들은 챗GPT에게 철학적이거나 개인적인 질문도 던지기 시작했다. 챗GPT가 구현한 자연스러운 사용자 경험이 챗GPT를 하나의 인격체로 대하게 했다.

스마트하고 정중하고 예의 바른 태도

챗GPT의 태도는 매우 예의 바르다. 어떤 질문을 해도 "Sure!"라는 말로 답변을 시작하고 몇 번이나 귀찮게 물어봐도 친절하게 답해 준다. "좀 더 알려 줄 수 있을까?"라고 추가적인 답을 요구해도 또 다른 정보들을 답변으로 생성해 준다. 심지어 가끔 질문자에 대한 칭찬도 적절히 곁들여 답을 해 주기 때문에 질문한 사용자들의 마음이 흐뭇해지기도 한다.

챗GPT의 답변은 매우 외교적(Diplomatic)이다●. 매우 점잖은 태도로 답하고 윤리적으로 문제가 될 만한 내용은 조심스럽게 피해 간다. 상대방에게 들기 좋은 말만 해 주기 때문에 진실된 쓴소리의 채찍까지는 기대할 수 없지만 어찌 되었든 사용자들의 기분은 좋아진다. 정치적 견해나 개인에 대한 평가 등에 대해서는 답변하지 않지만 그럼에도 불구하고

● Hunt, P. (2023, March 7). Will Asian Diplomacy Stump ChatGPT?. The Diplomat. https://thediplomat.com/2023/03/will-asian-diplomacy-stump-chatgpt

아나운서같이 정확하면서도 정서적인 측면에서 매우 안정적인 비서가 항상 내 곁에 있는 느낌을 받게 된다.

챗GPT는 AI 진화 과정의 한 단계이다. 하지만 특유의 친숙함과 정중함, 그리고 비약적인 성능 발전이 우리를 매료시켰다. 챗GPT는 알고 싶은 것이 많은 사람에게는 오아시스 같은 존재처럼 느껴진다. 이제 챗GPT와의 적극적 소통을 통해 세상에 새로운 가치를 만드는 선두주자가 되어 보자.

교육적 가능성

: 생성형 AI가 생성해 내는 것들

챗GPT를 만드는 오픈AI의 최고기술책임자(CTO) 미라 무라티(Mira Murati)는 챗GPT와 교육에 대해 이렇게 언급했다. "챗GPT는 우리가 가르치고 배우는 방식을 완전히 혁신할 수 있는 잠재력을 가지고 있다.●" 챗GPT는 교육의 다양한 가능성을 확장시킬 수 있는 동력을 제공할 것이다.

멀티모달과 생성형 AI

생성형 AI 기술은 인공지능이 기존의 데이터를 분석하여 새로운 데이터

● Simons, J. (2023, February 5). Mira Murati, creator of CHATGPT, thinks AI should be regulated. Time. https://time.com/6252404/mira-murati-chatgpt-openai-interview

를 만들어 내게 하는 기술이다. 이 기술은 학습된 패턴과 규칙을 기반으로 하여 텍스트, 이미지, 오디오 등 다양한 형태의 콘텐츠를 생성한다.

생성형 AI의 종류로는 텍스트 생성형 AI, 이미지 생성형 AI, 오디오 생성형 AI, 비디오 생성형 AI, 단백질 구조 예측 AI, 인공지능 검색 엔진 등이 있다. 인공지능 검색 엔진이란 지금의 챗GPT와 같은 딥러닝 기반의 자연어 처리 및 생성형 AI 모델이 검색 엔진과 결합한 차세대 검색 프로그램을 말한다.

생성형 AI의 하위 영역에 속하는 챗GPT는 생성형 AI 중에서도 자연어 텍스트 생성을 위해 특별히 설계된 모델이다. 챗GPT에게 문장이나 어구를 통해 선행되는 단어를 제시하면, 챗GPT는 언어 모델을 통해 다음 단어가 발생할 가능성을 확률적으로 예측한다. 챗GPT는 대량의 텍스트 데이터에서 언어의 통계적 패턴을 학습했다. 정리하면, 생성형 AI는 다양한 형태의 새로운 콘텐츠를 생성하는 AI 모델 일반을 가리키는 말이고, 챗GPT는 텍스트 생성을 위해 설계된 하나의 생성형 AI 모델이다.

기존에는 하나의 형태의 데이터가 생성되는 싱글모달(Single Modal) 방식이 대부분이었다면, 최근에는 멀티모달(Multi-Modal) 생성 AI 기술이 발달하고 있다. 모달리티(Modality)는 '양식'이라는 의미의 영단어다. 무엇을 나타내는 형식이나 그것을 받아들이는 방식을 뜻한다. 최근 인공지능 기술은 싱글모달에서 멀티모달 방식으로 발전해 가고 있는데 멀티모달은 다양한 유형의 데이터를 함께 사용하여 문제를 해결하는 방식을 의미한다. 특히 생성형 AI 분야에서 멀티모달로의 접근은 매우 중요한 의미를 지닌다.

멀티모달 생성형 AI는 여러 유형의 데이터를 결합하여 새로운 형태의 데이터를 만들어 내는 인공지능 기술이다. 예를 들어 기존의 텍스트와 이미지 데이터를 함께 사용하여 새로운 텍스트와 이미지를 생성해 내는 것이다. 교육 분야에서는 다양한 형태의 학습 콘텐츠를 한 번에 생성하여 작업의 효율을 높이거나, 하나의 주제에 대하여 다양한 형태의 콘텐츠를 생성하여 학생들의 다양한 학습 방식 선호를 손쉽게 맞추어 줄 수 있다.

다양한 유형의 데이터로 학습하고 새로운 데이터를 생성하는 멀티모달 생성형 AI 시스템은 빠르게 발전해 나가고 있다. 메타(Meta)는 멀티모달 AI 모델 이미지바인드(ImageBind)를 오픈소스로 공개했는데● 텍스트 데이터, 오디오 데이터, 시각적 데이터(이미지, 비디오), 열 화상 데이터(적외선 이미지), 3차원(3D) 심도(깊이) 데이터, 관성 측정(IMUs) 데이터 등 6종의 데이터를 결합한 AI 모델로, 여섯 가지 서로 다른 형식의 데이터를 결합하여 동시에 학습하고 분석하며 새로운 데이터를 생성할 수 있다. 여러 감각으로 정보를 수집하고 모든 정보를 동시에 전체적으로 처리하는 인간의 방식과 유사하다.

미국의 IT 전문 미디어 '더 버지(The Verge)'는 "이미지바인드가 몰입형 다감각적 경험을 제공하는 생성AI의 미래"라며 "이미지바인드에 장거리 항해를 구현해 달라고 요청하면 파도 소리뿐만 아니라 발밑의 갑판 흔들림과 시원한 바닷바람까지 느낄 수 있게 해 줄 것"이라고 평가했다. 구글

● Meta, (n.d.), ImageBind by Meta AI, https://imagebind.metademolab.com

도 차세대 AI 모델 제미니(Gemini)를 처음부터 멀티모달로 제작하여서 각종 도구들과의 효율적인 통합에 박차를 가하고 있다. 앞으로는 교육 분야에서도 멀티모달 생성형 AI 시스템의 구체적 활용법을 모색하게 될 것이다.

교육자들이 생성형 AI를 알아야 하는 이유

교육적 상호작용의 확장

지금의 교실 수업에서 교사가 학생 한 명 한 명에게 1:1 수준의 상호작용을 제공하기에는 여러 가지 현실적인 제약이 따른다. 챗GPT 시대에는 인공지능이 인간 교사의 보조교사 역할로 지원되어 맞춤형 교육에 한발짝 더 나아가고 교육의 불평등을 해소하는 데 일조할 수 있을 것이다. 챗GPT와 같은 챗봇이 교사의 보조적인 역할을 수행하여 보다 정확한 진단과 빠른 피드백을 제공하고 사람인 교사는 학생 한 명 한 명에게 더 관심을 쏟아 정서적인 지원을 하고 교육의 전체적인 흐름을 주도해 나갈 수 있다.

교육적 실험의 확장

인공지능이 교육의 다양한 영역에 도입되면서 우리는 챗GPT와 같은 가상의 인격체들을 대상으로 다양한 교육적 실험을 시도해 볼 수 있게 되었다. 교육이 발전하기 위해서는 인간의 심리와 행동에 대한 연구가 꾸준히 이루어져야 한다. 그런데 교육에서의 임상적인 연구들은 인간을 대상으로 하는 실험 또는 관찰이 주가 되기 때문에, 연구윤리에 있어 고려해야 할 제반 사항이 많았다. 우리는 챗GPT와 같은 인공지능을 교육 연구에 도입함으로써 AI를 통해 교육적 실험들을 더 빠르고 안전하게 진행할 수 있고, 이를 통해 얻어지는 잠재적 결론들을 바탕으로 새로운 교수·학습 모델들을 더 안전한 과정을 거쳐 사람에게 적용해 볼 수 있게 되었다.

교육적 상상력 부여

생성형 AI는 교육에 상상력을 부여하고 그것을 실현하는 데 가속력을 더해 준다. 챗GPT에게 교육적 문제를 해결하기 위한 질문을 던지면 새로운 아이디어를 즉시 생성하여 제안해 준다. 우리가 교육과 관련된 사안들에 대하여 브레인스토밍을 한다면 생각의 흐름이 계속 이어지도록 하는 데 챗GPT의 도움을 받을 수 있다. 그리고 챗GPT는 사람이 생각하는 속도보다 더 빠르게 아이디어들을 정리해 주기 때문에 아이디어를 실현하는 과정에서도 업무를 가속화시켜 줄 것이다.

또한 생성형 AI는 거대 언어 모델을 통해 정돈된 지식을 전달해 줌으로써 우리의 정신적 영역에까지 인사이트를 제공한다. 따라서 앞으로 교육적인 문제를 해결하는 데에도 광범위한 영향을 미칠 것이다. 생성형 AI는 이미 디자이너와 기술자들에게 상상력을 부여하여 다양한 창작물을 만드는 데 기여하고 있다. 이와 동일한 맥락에서 챗GPT는 교육적 문제 해결의 영역에서도 상상력을 가속화함으로써 더 나은 교육의 미래를 보다 빨리 구현해 낼 수 있도록 해 주는 훌륭한 도구가 될 것이다.

교육 + 생성형 AI

: 협업이 시작됐다

칸미고, 튜터이자 보조교사

많은 사람들이 챗GPT를 통해 사람보다 똑똑한 인공지능을 경험했고 생활과 업무에 이를 선뜻 도입해 보기 시작했다. 챗GPT가 일으킨 거대한 변화의 흐름이 시작되었기 때문에 교육은 중대한 기로에 서게 되었다. 인공지능과 효과적으로 협력할 것인가 아니면 인공지능으로 인해 축소될 것인가.

사실 협력은 시작되었다. 2023년 3월 초, 세계 최대의 비영리 교육 플랫폼인 칸아카데미(Khan Academy)는 GPT 4 기반의 AI 튜터 칸미고(Khanmigo)를 선보였다●. 칸미고는 학생들을 위한 1:1 AI 튜터의 역할을 하면서도 교사를 위한 보조교사의 역할을 수행한다. 칸미고는 단순히 답을 내놓는 챗GPT와 다르게 학습을 돕는 가이드의 역할을 하도록 설계되었다. 학생이 문제에 대한 답을 물어보면, 문제를 푸는 과정에 대해 학생과의 대화를 시작하는 식이다.

AI로 재현된 소크라테스식 문답법

이에 대하여 칸 아카데미의 CEO 살만 칸(Salman Khan)은 "칸미고는 '가

● OpenAI. (n.d.). Khan Academy. https://openai.com/customer-stories/khan-academy

상의 소크라테스'처럼 행동할 것"이라고 표현했다[**]. 질문에 대해 인공지능이 답을 바로 제공해 주는 것이 아니라, 학생이 에세이를 쓸 수 있도록 그 방법을 가르쳐 주는 좋은 교사처럼 행동한다는 것이다.

학생이 수학 문제의 답을 물어보면 칸미고는 스스로 문제를 푸는 방법을 배우는 것이 중요하다고 말하면서 문제를 푸는 과정에 필요한 내용들을 같이 공부해 보자고 제안한다. 그리고 문제를 풀 수 있는 공식과 함께, 학습 의욕을 북돋는 말들을 채팅으로 건넨다. 마치 과외 선생님처럼 문제를 풀기 위한 과정을 한 단계 한 단계 학생과의 대화를 통해 짚어 나가며 문제를 함께 풀어 나간다.

빌 게이츠도 AI가 아이들에게 좋은 가정교사가 될 것이라고 순기능을 강조했다. 그는 머지않아 인공지능이 아이들에게 읽고 쓰는 법을 가르치는 교사 역할을 할 것이라 전망했다. 2023년 미국 샌디에이고에서 열린 'ASU+GSV 서밋(ASU + GSV Summit)'에서 "AI는 그 어떤 인간만큼 훌륭한 가정교사가 될 수 있는 능력을 갖추게 될 것"이라고 말했다[***]. 현재 AI 챗봇의 읽고 쓰는 능력이 믿을 수 없을 정도로 유창하다면서 "AI가 어떻게 읽기를 도와주고 글쓰기에 피드백을 주는지 알게 되면 놀랄 것"이라고 내다봤다. 또 AI를 이용하는 데 비용이 들기는 하겠지만 사교

●● Khan Academy. (2023, March 15). Harnessing GPT-4 so that all students benefit. A nonprofit approach for equal access. Khan Academy. https://blog.khanacademy.org/harnessing-ai-so-that-all-students-benefit-a-nonprofit-approach-for-equal-access

●●● Gates, B. (2023b, April 19). A Fireside Chat on education, technology, and almost everything in between. GatesNotes.com. https://www.gatesnotes.com/ASU-and-GSV

육 비용을 낮춰 평등한 교육에 도움이 될 것으로 기대했다.

챗GPT는 교육을 변화시키기 시작했다. 전에 없던 새로운 기대감도 생겨났다. 교육자들이 생성형 인공지능 기술을 이해하고 교육적으로 활용해야 인공지능이 교육자들의 성장 동력이자 교육 자체의 성장 동력으로 작용할 것이다. 어떻게 사용할지의 문제다. 확실한 것은 앞으로 교육자들은 AI와의 협업을 통해 확장되고 강화된 역량을 지니게 될 것이라는 점이다. 아이언맨처럼 말이다.

generative
AI

Hello! how can i assist you today? ▮

실전! 생성형 AI
교육실무 활용법

: 업무별 질문 프롬프트 샘플 및 분야별 생성형 AI 서비스 소개

업무별 활용사례 및

질문 프롬프트 샘플

교사를 위한 활용사례

이제 선생님들은 챗GPT를 활용하면 수업과 업무를 보다 손쉽게, 그리고 만족스럽게 준비할 수 있다. 지금까지는 다양한 의견과 아이디어를 모으기 위해 팀을 꾸려 수업 연구를 진행했는데 이제는 챗GPT가 협력하는 것만으로도 다양한 의견, 생각, 지식을, 그리고 여러 양식과 사례들을 모을 수 있게 되었다.

수업 준비 비서

수업 준비를 할 때 챗GPT는 유능한 비서가 된다. 교사들이 수업 계획을 세울 때 챗GPT의 도움을 받으면 다양한 아이디어를 얻을 수 있다. 수업에 필요한 자료를 조사할 때는 검색, 확인, 정리에 드는 시간이 대폭 절약된다. 챗GPT는 수업 주제와 관련된 자료를 제시하고 상세히 설명해 주며 예를 더해 주고 요약도 해 준다. 수업 시간에 활용할 토론 주제를 추천해 주기도 한다.

수업 계획서, 강의 계획서를 작성하는 방법도 챗GPT는 바꿔 준다. 챗GPT를 활용하면 계획서 초안을 쉽고 빠르게 작성할 수 있는데 강의의 목표, 주제, 내용, 방법, 일정, 평가 방법 등을 챗GPT에 대략적으로 입력하면 상세한 강의 계획서를 작성해 보여 준다. 챗GPT가 생성해 준 결과를 확인한 뒤에는 차시별 강의 내용을 50분을 기준으로 상세히 목록화해 달라고 추가로 부탁할 수도 있다. 이런 양식화뿐만 아니라 수업에 대한 기대효과 및 어떤 기준으로 평가를 실시하면 좋을지에 대해서도 챗GPT는 답해 준다. 또한 설정한 교수 · 학습 목표를 효과적으로 달성하기 위한 수업 전략에 대해 질문한 뒤 살펴보며 힌트를 얻을 수 있다.

 질문 프롬프트 예시 다음 질문을 직접 입력하고 챗GPT의 답변을 한번 살펴보세요!

㉠ 교사의 입장에서, 중학교 1학년 자유학기제 수업에서 '인공지능의 개념을 알 수 있다'가 수업 목표인 2시간의 강의 계획서를 표 형식으로 작성해 주세요.

㉠ 교사의 입장에서 이번주에는 '물고기'를 주제로 유치원 아이들과 함께 다양한 학습활동을 하고 싶어요. 일주일 동안 어떤 교육 활동을 할 수 있을지 표 형식으로 작성해 주세요.

㉠ 교사의 입장에서, 유치원 아이들이 '물고기의 종류'에 관하여 학습할 수 있는 활동지를 만들고 싶어요. 수업 시간에 학생들이 작성할 수 있는 활동지를 표 형식으로 만들어 주세요.

㉠ 디지털 기반 교육 환경에서 태블릿을 활용하여 학생들의 참여를 촉진할 수 있는 수업 전략을 알려 주세요.

例 [수업 자료]를 요약하고 핵심 요약과 가장 중요한 사실이 포함된 항목들을
목록으로 제공해 주세요.

例 성인 대상으로 양성평등에 관하여 교육을 하고 싶어요. 하루에 4시간짜리
교육을 이틀 동안 진행하고 싶습니다. 교육 프로그램 기획자의 입장에서,
이 교육에 대한 계획서를 작성해 주세요. 그리고 양성평등 교육의 근거가
되는 관련 법령을 목록으로 나열하고, 각각의 목록에 대하여 국가법령센터
로 연결되는 링크를 제시해 주세요.

자료 디자이너

챗GPT는 자료 제작 도우미가 된다. 수업에 필요한 슬라이드 자료를 만
드는 과정을 생성형 AI로 할 수 있다. 프롬프트에 슬라이드 덱을 만들어
야 할 주제와 세부 내용을 명령어로 입력하면 수업 자료를 만들어 낸다.
이런 방법으로 이미지 생성 AI를 활용하면 수업이나 학교 행사 등에 필
요한 이미지를 즉시 만들어 낼 수 있다. 챗GPT로 동화 시나리오를 쓰고
생성형 AI로 삽화를 만들어 내면 동화책을 완성할 수 있다. 영상을 제작
할 때는 영상에 담고자 하는 주제를 프롬프트에 입력하면 영상 스크립트
를 작성해 준다.

 질문 프롬프트 예시 다음 질문을 직접 입력하고 챗GPT의 답변을 한번 살펴보세요!

例 중학교 2학년 학생들이 서양 중세 시대 수업에서 역할극을 하고 싶습니
다. 서양 중세시대 역사에 대해 학습할 수 있도록 역할극 대본을 작성해 주
세요.

예 중학교 2학년 학생들에게 '중국 한나라 한무제의 정책'에 대해 설명하는 3분 길이의 영상을 제작하고 싶습니다. 영상의 스크립트를 작성해 주세요.

예 교사의 입장에서, 유치원 아이들에게 물고기의 특징에 대해 알려 주는 수업을 하고 싶어요. 다양한 물고기들이 사이좋게 바닷속에서 놀고 있는 그림을 그려 주세요.

예 유치원 교사의 입장에서, 학생의 보호자님들께 교육기관의 활동에 관해 알리는 소식지를 보내고 싶어요. 이번주에는 '물고기'를 주제로 다양한 놀이활동을 했어요. 소식지에 들어갈 글을 써 주세요.

예 교사 입장에서 여름방학 계획을 수립하려고 하는데 계획서 표지에 넣을 그림을 그려 주세요. 학생들이 여름에 친구들과 함께 운동장에서 즐겁게 뛰어 놀고 있는 모습이면 좋겠습니다.

평가 및 피드백 도우미

생성형 AI는 평가 업무와 관련된 아이디어를 얻거나 평가 관련 자료 제작에 도움을 준다. 특정 주제에 대한 과제나 시험 문제를 출제할 때 관련 자료를 생성해 낼 수 있고 과제를 채점하고 피드백을 할 때 챗GPT의 도움을 받을 수 있다. 평가 루브릭을 만드는 데 있어서는 챗GPT로 초안을 잡고 이를 수정·보완하여 활용할 수 있다.

또한 학생들에게 오답에 대한 원인과 이를 해결하기 위한 학습 방법 및 내용을 제시하는 인지적 피드백의 과정에도 생성형 AI를 활용할 수 있다. 학습과 수행에 관련된 심리적 어려움을 진단하고 극복 방안을 제안하는 정서적 피드백의 영역에서도 생성형 AI의 도움을 받을 수 있다.

질문 프롬프트 예시 다음 질문을 직접 입력하고 챗GPT의 답변을 한번 살펴보세요!

㉠ 교사의 입장에서, 초등학교 4학년 체육 과목의 공 던지기 수업에서 학생들을 평가할 수 있도록 평가 기준을 인지적, 정의적, 심동적 측면에서 상중하로 수준을 나눠서 표 형식으로 작성해 주세요.

㉠ 고등학교 역사 수업 시간에 나만의 유적 답사 계획서 만들기 활동을 할 예정입니다. 학생들의 개선 지점을 파악하고 학습을 촉진할 수 있도록 교사가 학생들에게 피드백을 제공할 수 있는 전략을 알려 주세요.

㉠ 이차 방정식의 개념 학습에 어려움을 겪은 학생들을 위해서 지원과 강화 전략이 포함된 스캐폴딩 계획을 설계해 주세요.

생활기록부 작성 도우미

생활기록부 작성 과정에서 챗GPT를 활용하면 글쓰기에 대한 부담을 덜고 다양한 표현을 참조할 수 있다. 특성이 잘 드러나지 않는 학생에 대해 표현할 단어를 찾거나, 같은 활동을 한 여러 학생에 대한 다양한 서술문을 작성해야 하는 경우 챗GPT를 유용하게 활용할 수 있다. 학생 생활기록부는 법정 장부이므로 챗GPT가 생성한 결과물은 단순 참고용 초안으로 활용하는 것이 필수 전제조건이다. 교사가 자신의 전문성을 바탕으로 초안을 수정하고 학생 생활기록부 작성 기준에 어긋남 없이 정교하게 수정하는 과정을 더하여 생활기록부를 작성하면 된다.

질문 프롬프트 예시 다음 질문을 직접 입력하고 챗GPT의 답변을 한번 살펴보세요!

예 당신은 학생 생활기록부 초안을 작성하는 챗봇입니다. 학생을 표현하는 형용사 단어 몇 개가 입력될 것입니다. 당신은 형용사 단어들을 바탕으로, 학생의 성향을 긍정적으로 표현하는 문장을 다양하게 5개 적어 주세요.

예 당신은 학생 생활기록부 초안을 작성하는 챗봇입니다. 한국사 수업에서 역사적 인물들에 대해 흥미가 높은 학생이 있습니다. 그 학생에 대한 긍정적인 평가문을 각각 다른 표현으로 5개 작성해 주세요.

예 당신은 학생 생활기록부 초안을 작성하는 챗봇입니다. 중학생이 인공지능 교육 동아리 활동에 참여했습니다. 중학생은 인공지능의 개념에 대해 학습하고, 이를 윤리적으로 활용하는 방향을 제시하는 내용의 소감문을 작성했습니다. 학생의 활동에 대한 평가문을 100자 이내의 1문단으로 작성해 주세요.

예 모든 문장을 "～함." 또는 "～임." 또는 "～음."의 형태로 끝맺어 주세요.

예 모든 문장에서 주관적인 평가를 나타낸 부분은 삭제해서 다시 작성해 주세요.

예 모든 문장의 주어를 삭제해서 다시 작성해 주세요.

예 위 내용을 500자가 되도록 수정해 주세요.

번역 및 교정 도우미

다문화 가정이나 이주 배경 학생을 위한 자료를 제작할 때 챗GPT로 편지 번역 및 보다 매끄러운 표현으로 수정하는 윤문을 처리할 수 있다. 챗GPT로 윤문 및 교정이 가능하기 때문에 학교에 필요한 공식 문서를 작성할 때 단어와 문장을 챗GPT로 검수할 수 있다.

상담 및 생활지도 도우미

생성형 AI는 상담 및 생활지도 영역에서도 교육자들을 도울 수 있다. 우선 학생 상담 영역에서는 생성형 AI를 활용하여 학업, 진로, 대인관계에 관한 정보를 얻을 수 있다. 생활 지도 영역에서는 각종 사안 발생 시대응 방안에 대한 조언을 받거나 처리 과정에 대한 근거 자료를 찾아 줄것을 요청하여 도움을 받을 수 있다. 그리고 학습, 교육 환경, 대인 관계에 잘 적응하고 있지 못한 학생이 있을 때 어떠한 조언을 해 줄 수 있을지 생성형 AI에게 물어보거나 관련 지원 자료를 추천받을 수 있다. 또한학교 생활 속에서 벌어지는 다양한 상황에 대하여 생활 규칙을 수립해야할 때, 생성형 AI에게 물어보면 아이디어를 얻거나 초안을 작성하는 일을 손쉽게 진행할 수 있다.

교직 컨설턴트

챗GPT로 교육자의 생애주기별 역량을 향상시키기 위한 좋은 조언을 얻을 수 있다. 또한 챗GPT는 진로 등의 개인적 고민을 상의하는 비밀스럽고도 편안한 상담자 역할을 수행해 준다.

교사 커뮤니티에 매일 올라오는 교육적 상황에 대한 고민, 좋은 교사가 되는 길에 진지한 고민, 학교에서 일어난 일에 대한 가벼운 푸념부터난감한 상황에 대한 법률적 자문, 그리고 교사로서의 거시적인 진로에이르기까지 챗GPT에는 어떤 생각이든 부담 없이 쏟아내고 의견이나 도움말을 구할 수 있다.

질문 프롬프트 예시 다음 질문을 직접 입력하고 챗GPT의 답변을 한번 살펴보세요!

㉐ [학교급]에서 [과목]을 가르치는 [숫자]년차 교사의 입장에서 디지털 교육 역량을 강화하는 자기 계발 계획에 대해 조언해 주세요.

㉐ 교사의 입장에서, 수업에 대해 성찰하고 개선할 부분을 확인할 수 있는 계획안을 작성해 주세요.

㉐ 교육자가 학생 및 학부모들과 긍정적인 관계를 구축할 수 있는 계획과, 소통을 강화하기 위한 전략을 알려 주세요.

㉐ 전문적 학습 공동체에 동료 교육자들을 참여시킬 수 있는 전략을 3가지 알려 주고, 활동을 촉진할 수 있는 프로젝트나 활동을 설계해 주세요.

㉐ 디지털 전환 시대의 미래 교육 필요성을 3가지 목록으로 정리해 주고, 디지털·AI 교육 환경 변화 및 수업 혁신을 이끌어나가기 위한 교육자의 역할을 알려 주세요.

교육행정가를 위한 활용사례

교육 행정 업무를 효율화하는 데에도 챗GPT는 다양한 도움을 줄 수 있다.

자료 수집가

챗GPT로 교육 행정 업무 추진에 참고할 다양한 자료에 대한 수집과 출처 정리를 받을 수 있다. 거대 언어 모델의 지식을 가지고 있는 챗GPT는 다양한 사람들의 입장과 사례를 검토하는 데 큰 도움이 될 수 있다.

요약 마법사

수집된 다양한 자료를 챗GPT로 빠르게 요약할 수 있다. 추진하려는 이슈와 관련하여 이미 공개되어 있는 설문 조사 결과들의 요약을 챗GPT로부터 받을 수 있다. 이를 참고한 후에는 나에게 필요한 설문지를 만들어 달라고 챗GPT에게 요청하여 받을 수 있다.

법률 및 행정 자문

챗GPT는 법률 및 행정 규정에 대한 질문을 하면, 기본적인 답변을 도출해 준다. 따라서 법률 및 행정 문서를 새롭게 작성하거나 기존에 작성된 문서들을 검토하는 업무에 챗GPT의 도움을 받을 수 있다. 하지만, 최종적으로 문서를 완성하기 전에 정확한 팩트체크를 꼭 해야 한다. 챗GPT는 생성형 AI이므로 정확한 결과보다는 자연스러운 결과물을 만들어 내기 때문에 문서 내용의 정확성을 확보하기 위해서는 인간의 확인이 꼭 더해져야 한다.

 질문 프롬프트 예시 다음 질문을 직접 입력하고 챗GPT의 답변을 한번 살펴보세요!

⑩ 교육 기관을 위한 민방위 훈련 계획서를 작성해 주세요. 그리고 민방위 훈련의 근거가 되는 관련 법령을 목록으로 나열하고 각각의 목록에 대하여 국가법령센터로 연결되는 링크를 제시해 주세요.

엑셀 함수 도우미

챗GPT에게 자료 정리가 필요한 상황을 제시하면 나에게 필요한 엑셀 함수를 생성해 준다. 예를 들어 주민등록번호에서 가운데 숫자가 1이면 '남자'를 출력하고, 2이면 '여자'를 출력하는 함수가 무엇인지를 물어보면 답해 준다. vlookup처럼 매우 유용하지만 평소에 자주 사용하지는 않아서 쓸 때마다 기억이 가물가물한 함수들이 있는데 이 경우에는 "선생님 이름을 입력하면 경력 부분을 찾아서 출력하는 함수가 뭐지?"라고 물어보면 바로 쓸 수 있는 vlookup 함수를 완성해서 알려 준다.

교육 관리직 및 정책가를 위한 활용사례

교육 정책 동향을 파악하고 실행 전략과 미래 전망을 수립하는 데 챗GPT의 도움을 받을 수 있다. 챗GPT를 사용하면, 오랜 분석과 기획이 필요했던 일들을 빠르게 완수할 수 있다.

기획 문서 초안 작성

챗GPT는 글쓰기를 자동화해 주기 때문에 교육 정책 수립 및 추진을 위한 신규 사안을 기획하는 경우 챗GPT에 현재 상황에 대한 문제점 분석을 요청하고 이를 해결하기 위한 아이디어를 물을 수 있다. 새로운 아이디어들을 얻은 뒤에는 이에 대한 현재의 구체적 현황을 부가 질문함으로써 실제 실행 전략들을 정리하는 데도 유용하게 활용할 수 있다. 정책 문서에서는 전문 지식을 누구나 알기 쉽도록 풀어쓰는 것도 큰 숙제인데 챗GPT에게 "쉽고 명확하게 설명해 달라" 하는 추가 질문을 하면 보다 알기 쉽고 명료한 표현을 받을 수 있다.

 질문 프롬프트 예시 다음 질문을 직접 입력하고 챗GPT의 답변을 한번 살펴보세요!

> 예) [정책 과제]를 수행하기 위한 단계별 솔루션과 각 단계를 추진하는 방법에 대한 명확한 지침을 제공해 주세요.

정책 자료 및 사례 조사와 요약

국내외 정책 사례를 묻고 이에 관한 추가 자료를 요청하면 챗GPT는 이에 대해 잘 정리된 내용을 생성해 준다. 챗GPT에게 정책의 추진 배경, 세부 내용, 정책 추진 시 고려해야 할 사항, 사후 평가가 어떠했는지까지 자세히 물어볼 수 있다. 또한 정책 수립 및 추진 과정에서 자문을 받던 내용을 우선 챗GPT에게 물어보고 참고할 수 있다. 챗GPT는 전문적인 정보도 수집하여 정리해 주기 때문이다. 실제로 정식 발간된 책이나 논문은 제목과 저자 등 간단한 서지정보만 입력하면 내용도 요약해 준다. 다만 챗GPT가 제시한 결과를 정책 문서에 담아낼 때는 자체적인 연구를 통해 내용을 검증하고, 관련 내용을 뒷받침하는 명확한 출처를 확인 및 제시해야 정책 문서의 정확성과 공식성이 비로소 확보된다.

설문지 초안 작성

다양한 의사결정을 위한 근거를 수집할 때 혹은 교육 프로그램의 효과성을 알아보고자 할 때 설문 조사를 준비하면서 문항과 문항별 내용의 생성에 대해 고민하는 경우가 많다. 챗GPT를 활용하면 교육 정책 및 연수와 관련된 설문 문항을 쉽고 빠르게 만들 수 있다. 설문의 목적, 대상, 문항 유형, 질문 개수 등을 입력하면 설문지 초안을 작성해 준다.

 질문 프롬프트 예시 다음 질문을 직접 입력하고 챗GPT의 답변을 한번 살펴보세요!

> ㉠ 교육 프로그램 기획자의 입장에서, 성인 대상으로 양성평등에 관하여 연수를 실시했습니다. 이 연수에 대한 만족도 설문을 하고 싶은데, 설문지에 들어갈 문항을 작성해 주세요.

보도자료 초안 작성

챗GPT에 정책의 추진 과정 및 결과에 대한 개요 정도에 해당하는 간단한 정보를 입력하면 보도자료 초안을 생성해 준다. 다만 챗GPT가 생성해 내는 글은 일반적 산출물이기 때문에 이 글을 수정·보완하는 과정을 거쳐 보다 정확하게 수정하고 실제적 맥락을 연결하고 추가 자료를 첨부하면 완성도 높은 보도자료를 빠르고 확실하게 완성할 수 있다.

 질문 프롬프트 예시 다음 질문을 직접 입력하고 챗GPT의 답변을 한번 살펴보세요!

> ㉠ 학부모들을 대상으로 통합교육 포럼을 진행했어요. '일반 학생과 특수 학생이 함께 배우고 살아가는 교육의 미래'를 내용으로, 한국 호텔 세미나실에서 3시간짜리 포럼이 오후에 진행되었어요. 교육청 담당자의 입장에서, 이 포럼에 대한 언론 보도자료를 제목과 본문을 구분하여 작성해 주세요.

교수 및 연구자를 위한 활용사례

연구 보조

학문을 탐구하는 연구자에게는 "Publish or Perish"라는 문구가 무겁게 다가온다. '논문을 내거나 아니면 사라지거나'라는 딜레마적인 표현인데, 어떤 연구라도 그 결과를 논문으로 출판(Publish)하지 못한다면 결국 아무 흔적도 남기지 못하고 버려지게(Perish) 된다는 말이다. 끊임없이 논문을 발표하지 않으면 도태되거나 퇴출될 수 있기 때문에 새로운 글을 읽고 나만의 연구로 써 내는 것은 숙명적인 일과다.

생성형 AI는 연구자로서의 외로운 여정에 큰 힘이 될 수 있다. 예를 들어 딥러닝 자연어 처리 기술에서 트랜스포머 알고리즘에 관하여 설명한 논문인 〈Attention Is All You Need〉를 읽고 있는 상황을 가정해 보자. 복잡한 수식을 정확하게 이해하고 싶다면 챗GPT에게 다음과 같이 질문해 보자.

 질문 프롬프트 예시 다음 질문을 직접 입력하고 챗GPT의 답변을 한번 살펴보세요!

---

⑩ https://arxiv.org/pdf/1706.03762.pdf 이 논문에서 3.2.2의 Multi-Head Attention에 있는 MultiHead(Q,K,V) 로 시작하는 수식을 여기에 옮겨 적어주고, 그 수식의 의미를 알기 쉽게 아주 자세히 설명해 주세요.

⑩ 위의 설명을 중학생이 이해할 수 있는 수준으로, 매우 쉽고 자세하게 다시 설명해 주세요.

이렇듯 생성형 AI는 새로운 내용에 대한 이해를 도울 뿐만 아니라, 연구자들이 논문을 작성하는 과정에서 연구 보조의 역할로 다양하게 활용될 수 있다. 몇 가지 활용 예는 다음과 같다.

• 아이디어 구상

생성형 AI를 사용하면 연구 주제에 관한 아이디어의 브레인스토밍에 도움을 받을 수 있다. 주제에 관한 질문을 하여 참신한 연구 방향을 도출할 수 있고 연구와 관련된 토론을 챗GPT와 해 볼 수 있다.

• 문헌 연구

생성형 AI를 활용하면 자신의 연구에 도움이 될 수 있는 자료를 찾기 쉬워진다. 문헌 고찰(Literature Review) 과정에서 기존 논문을 요약하거나 논문 PDF 파일을 올려서 궁금한 점을 물어볼 수 있다. 어려운 논문이 있다면 쉽게 설명해 달라고 요청할 수도 있다. "[아래 본문]을 다시 쓰고 초보자가 이해하기 쉽도록 만들어 주세요."라는 프롬프트를 사용하면 연구 논문과 기술 문서와 같은 복잡한 텍스트를 이해하는 데 매우 유용하다. 또한 연구 주제와 관련된 개념과 자료의 출처를 찾아 달라고 부탁할 수 있다. 다만 참고문헌과 관련하여 애초부터 존재하지 않는 논문을 제목만 그럴듯하게 생성하여 가짜 정보를 제공해 줄 수 있으니 주의해야 한다.

• 논문 구조 설계

논문의 목차나 개별 단락에 대한 아이디어를 생성형 AI로부터 얻어 자신의 논문 구조를 개선할 수 있다.

- 초록 생성

연구자들은 초록, 연구계획서, 발표 스크립트 초안을 생성형 AI로 작성할 수 있다. 연구자가 작성한 초록에 대한 개선점을 생성형 AI에게 제안받거나 AI가 제시한 초록 예시를 참고하여 자신의 초록을 고쳐 쓸 수 있다.

- 문장 개선

생성형 AI는 논문 속 문장들의 구조, 논문의 전체적인 논리, 사용된 용어 등에 대하여 개선점들을 제안해 줄 수 있다. 이러한 과정을 통해 연구자가 더 명료하고 전문적인 문장으로 논문을 작성하는 데 도움을 준다.

- 참고문헌 정리

생성형 AI를 활용하면 인용된 참고문헌들을 적절한 형식으로 정리할 수 있다.

- 교정 및 번역

생성형 AI로 논문의 문법, 철자, 구두점 오류를 찾고 수정하여 전반적으로 논문의 품질을 향상시킬 수 있다. "[작성한 글]을 살펴보고 문장의 맞춤법과 철자 오류를 고치고 명확성을 개선하는 제안을 해 주세요." 같은 프롬프트가 유용하게 쓰일 수 있다. 또한, 논문의 영문 번역과 교정 과정에서도 생성형 AI에게 도움을 요청할 수 있다.

- 논문 리뷰

생성형 AI를 활용하여 논문에 대한 피드백을 받고 개선할 수 있는 부분을 찾고 수정하는 데 도움을 받을 수 있다. 〈ReviewerGPT? An Exploratory Study on Using Large Language Models for Paper Reviewing(리뷰어로서의 GPT. 논문 리뷰를 위한 거대언어모델 사용에 관한 탐색적 연구)〉* 연구에서는 챗GPT가 논문 리뷰어로 활약할 수 있는 가능성에 대해 이야기하면서, 수학적 혹은 과학적 오류를 식별하거나 체크리스트 기반 검증 등에 있어서 챗GPT는 유용한 도구로 쓸 수 있는데 다만 이처럼 특정 기준에 따른 기계적 검토는 잘 작동하는 반면 논문을 완벽하게 평가하는 데는 다소 부족한 점이 있으므로 보조적 수단으로 사용할 것을 제안하였다.

수업 지원

생성형 AI는 교수자를 도와주는 훌륭한 조교로서 수업의 개별화와 상호작용을 촉진하여 학습의 효과를 높일 수 있다. Lars Satow(2017)는 챗봇 형태의 AI가 학습을 촉진하는 단계를 설명하는 모델을 제시한 바 있다. 챗봇 AI를 통한 학습 촉진 수준은 총 6단계로 구분되며 세부 내용은 다음과 같다**.

● Liu, R., & Shah, N. B. (2023, June 1). Reviewergpt? an exploratory study on using large language models for paper reviewing. arXiv.org. https://arxiv.org/abs/2306.00622
●● Satow, L. (2017). Chatbots as teaching assistants: Introducing a model for learning facilitation by AI Bots. SAP Community. https://blogs.sap.com/2017/07/12/chatbots-as-teaching-assistants-introducing-a-model-for-learning-facilitation-by-ai-bots/

레벨	1	개별화된 환영	AI 조교가 개별화된 환영 메시지로 새로운 학습자를 맞이한다.
	2	콘텐츠 및 조력자 추천	AI 조교가 협력 학습을 위해 학습 콘텐츠, 학습 단계, 학습을 위한 조력자(동료 및 전문가)에 대하여 제안한다.
	3	질의응답	AI 조교가 학습자가 던진 일반적인 질문들에 대해 답변한다.
	4	학습 목표 설정 및 모니터링	AI 조교가 학습자의 학습 목표를 설정하고, 이를 전달하며, 학습 진행 상황을 모니터링한다.
	5	피드백 제공	AI 조교가 개인화된 피드백을 제공한다.
	6	개별화된 학습자 코칭	AI 조교가 능동적으로 학습자를 코칭하는 튜터링 기능을 제공한다. AI가 학습자 개개인의 학습 요구 사항을 분석하고 개별적인 추천을 하며 개인별로 코멘트와 칭찬 등의 피드백을 제공한다.

Mollick(2023)은 교수·학습을 도와주는 도구로 생성형 AI를 활용하는 전략을 소개하였다. 생성형 AI를 활용한 다섯 가지 교수·학습 전략은 다양한 예시 제공, 여러 설명 생성, 부담이 덜한 학습 테스트, 학생들의 피드백 반영, 분산된 연습 제공 등이다. 세부 내용은 다음과 같다●●●.

●●● Mollick, E. R., & Mollick, L. (2023, March 24). Using AI to implement effective teaching strategies in classrooms: Five strategies, including prompts. SSRN. https://ssrn.com/abstract=4391243

1. AI로 다양한 예시 만들기

- AI에게 원하는 개념에 대한 다양한 예시를 요구하는 질문(prompt)쓰기
- 선호하는 글쓰기 스타일을 설명하기: ㉤ 명확한(clear), 직설적(straight-forward), 구체적(concrete) 등
- 예시를 들을 학생들에 대해 설명하기 ㉤ 이 개념을 들어본 적 없는 대학생입니다.
- 예시가 흥미롭고 다양한지, 실생활 응용과 연결하는 역할을 할지를 교수님께서 판단해 주십시오.
- 혹은, AI가 만든 예시가 타당한지 학생들이 평가하도록 한다면, 더 깊이 있는 학습이 가능합니다.

2. 다양한 방식의 설명을 GPT로 만들기

- AI에게 개념의 설명방식을 요청하기
- 선호하는 글쓰기 스타일을 설명하기
- 설명을 들을 학생들에 대해 알려 주기: 심화 학습을 위하여 학생들에게 GPT가 설명한 내용 중 빈칸을 만들어 채우거나, 설명에서 빠진 요소를 찾는 활동을 할 수도 있습니다.

3. AI 활용하여 부담이 덜한 테스트(Low-Stake Test) 만들기

- AI가 퀴즈 제작자 역할임을 알게 하기
- 가르치는 주제와 학생에 대해 AI에게 알려 주기
- 선택형 퀴즈 문제를 만들기, 선택지에 대한 지침 제시하기: ㉤ 문항에 그럴듯하고 경쟁력 있는 대체 답변이 포함될 것/"모든 것"이라는 선택지를 포함시킬 것
- 퀴즈가 끝나면 정답을 제공하고 설명하기

4. 학습진단에 GPT 사용하기

- 활동/주제/수업 토론 등 학생들의 피드백을 받을 요소 정하기
- 학생들이 어떤 것을 이해하고, 어떤 것을 어려워하는지 답변 받기: ㉤ 오늘 수업에서 다룬 중요한 아이디어나 개념은 무엇이었습니까? 그 이유는 무엇입니까? → 이때 Google 문서 또는 공유 문서를 이용해 더 신속하게 답변을 모을 수 있습니다.

- 수집한 답변을 GPT에게 제시하며, 학생들이 수업에서 가장 중요하게 생각한 3가지 사항과 헷갈려하는 3가지 사항을 제시하도록 요구(prompt)하기: 한 번에 50여 개 정도 답변 처리 가능
- 결과를 바탕으로 다음 수업에서 헷갈리는 개념을 명확히 하거나 추가적인 설명을 제공하기

5. AI를 이용하여 분산된 연습(Distributed Practice) 제공하기

- AI에게 역할 설명하기: ㉠ 당신은 분산된 연습을 도와줄 전문가 선생님입니다.
- 맥락에 대한 설명하기: ㉠ 학생들이 학습한 내용과 앞으로 학습할 주제에 대한 설명 및 학습 수준 제시
- 분산된 연습을 위한 아이디어 요청하기: ㉠ 효과적인 복습을 위한 4가지 아이디어를 제공하고 지난 주제를 상기할 2가지 질문을 제공해 주세요.
- 그러나 토의 토론 활동에서 학습의 방향을 잡아 주거나, 학생들의 질문에 개인 맞춤 답변을 제시하며, 과제 평가를 통해 학습 수준을 파악하는 등 인공지능이 대신할 수 없는 역할도 분명히 있다. 따라서 AI가 교수자를 도와서 학생들 간의 학습내용 이해 차이를 줄이고 소통을 늘리는 도구로 활용된다면 효과적인 교수·학습에 큰 힘이 되는 도구가 될 것이다.

써 보자!

생성형 AI

챗GPT & 바드 시작하기

챗GPT 대화 시작하기

❶ 접속하기

네이버에서 'chatgpt'를 검색한 뒤 가장 상단 검색결과로 제시된 "Introducing ChatGPT" 링크를 누른 뒤 왼쪽 하단의 [Try ChatGPT]를 누른다. 구글에서 검색하면 챗GPT 페이지로 바로 이동할 수 있다. https://chat.openai.com

❷ 회원가입하기

오른쪽 [Sign up]을 눌러 회원가입 한다. 이메일 주소로 가입할 수 있고 구글, 마이크로소프트, 애플 계정으로 간편하게 가입할 수도 있다. 마지막으로 간단한 인증 과정을 거치면 회원가입이 완료된다. 회원가입 직후에는 '❹ 프롬프트 입력' 화면으로 이동된다.

❸ 로그인하기

회원가입이 되어 있다면 ❶ 과정을 거친 뒤 [Log in]을 누른다. 가입했던 방식에 따라 이메일 주소를 입력하거나 구글, 마이크로소프트, 애플 계정 버튼을 눌러 간단히 로그인할 수 있다. 로그인 직후에는 '❹ 프롬프트 입력' 화면으로 이동된다.

❹ 프롬프트 입력하기

오른쪽 하단 "Send a message" 부분이 채팅 내용을 입력하는 공간이다. 이 프롬프트 입력란에 챗GPT에게 질문 및 요청하는 내용을 담은 문장을 입력한다. 왼쪽 상단의 [New Chat]을 선택하면 새로운 채팅창이 만들어지고 왼쪽 세로 바에 별도의 대화로 목록화된다.

❺ 참고

챗GPT는 하나의 채팅 안에서 이루어지는 대화의 맥락을 기억하므로 기존 채팅방에 이어지는 내용을 채팅하려면 왼쪽의 채팅기록 목록에서 기존 채팅방을 선택하여 대화를 진행하는 게 좋다.

Bard 대화 시작하기

❶ 접속하기

네이버나 구글에서 바드 혹은 bard를 검색하여 bard.google.com 링크로 이동한다.

❷ 회원가입 및 로그인하기

바드는 구글 계정으로 로그인하여 사용할 수 있다.

❸ 프롬프트 입력하기

하단 "여기에 프롬프트 입력" 부분이 채팅 내용을 입력하는 공간이다. 이 프롬프트 입력란에 바드에게 질문 및 요청하는 내용을 담은 문장을 입력한다. 프롬프트 입력란 오른쪽에 있는 마이크 아이콘(마이크 사용)을 선택하면 음성으로 프롬프트를 입력할 수 있다.

❹ 참고

바드는 질문자가 질문 문장을 스스로 조정하면서 새로운 답변을 손쉽게 받을 수 있도록 했다. 채팅창의 질문 오른쪽에 있는 펜 아이콘(텍스트 수정)을 선택하면 입력했던 질문을 수정할 수 있고 질문을 변형하여 바드에게 다시 물으면 새로운 대답을 받을 수 있다. 답변 하단의 아래에 [공유 및 내보내기]를 누르면 바드와의 질문 답변을 링크로 공유하거나 구글문서 또는 지메일로 내보낼 수 있다. 바드에게 파이썬 코드 작성을 요청하면 구글 코랩(Colab)으로 답변을 내보낼 수 있다.

분야별

생성형 AI 서비스 25개

텍스트 생성형 AI

(1) Bing챗: Bing.com

2023년 마이크로소프트는 새로운 검색엔진이자 대화형 AI 챗봇인 Bing 챗을 공개했다. Bing챗은 챗GPT와 마찬가지로 GPT 모델에 기반하여 답변을 제공해 준다. 그리고 검색 기술이 더해져서 답변이 생성되는 과정에서 참고한 자료들의 출처까지 알려 준다. 생성한 답변과 함께 검색 결과가 같이 제공되므로 정보의 정확성을 체크하는 데 도움이 될 뿐만 아니라 최신 정보까지는 다루지 못한다는 챗GPT의 단점을 보완하고 있다. 빙은 인공지능 챗봇과 대화를 나누는 경험 속에서 검색 엔진이 직접 정보를 수집, 분석, 제안해 준다는 점에서 편리성이 있다.

(2) PoE: poe.com

PoE는 다양한 AI 챗봇과 대화를 할 수 있는 쿼라(Quora)의 챗봇 서비스다. PoE는 웹뿐만 아니라 iOS와 안드로이드 앱을 모두 지원하고 다양한 생성형 AI 기반의 챗봇들을 한 화면에서 손쉽게 사용해 볼 수 있다. PoE에서는 오픈AI가 개발한 챗GPT, 앤트로픽(Anthropic)이 개발한 클로드(Claude), 구글이 개발한 팜(PaLM), 메타가 개발한 라마 2(Llama-2) 등 다양한 AI 챗봇과 대화할 수 있다. 각각의 챗봇들에는 나름의 강점이 있기 때문에, 사용자는 한 화면에서 여러 챗봇들과 편리하게 대화하면서 새로운 아이디어와 정보를 제공받을 수 있다. 그리고 PoE에서는 사용자가 직접 나만의 챗봇을 제작할 수 있다.

PoE 웹사이트에서 무료 계정을 만들고, "Create a Bot"을 선택한다. 챗봇에 이름을 붙이고, 챗봇에 적용될 거대언어모델을 선택한다. 그리고 프롬프트를 추가하여, 챗봇이 질문들에 대하여 어떤 방식으로 응답할 것인지를 설정해 준다. PoE는 다양한 챗봇을 한 곳에서 편리하게 사용할 수 있고, 나만의 맞춤형 챗봇을 제작해볼 수도 있어서 교육용 목적으로도 유용하게 활용될 수 있다.

(3) 뤼튼: wrtn.ai

뤼튼은 오픈AI의 챗GPT 그리고 네이버의 하이퍼클로바 모델을 기반으로 콘텐츠를 생성해 주는 플랫폼이다. 원하는 상황별로 키워드를 입력하면 다양한 콘텐츠를 만들어 준다. 보도자료, 질문 답변, 기획안 초안, 핵심 요약, 자기소개서, 독서감상문, 유튜브 대본, 블로그 포스팅, 영문 이메일 등 다양한 글의 초안을 작성해 준다. 뤼튼은 사용자가 입력한 내용을 토대로 매번 새로운 문장을 생성해 낸다. 결과물의 저작권 및 사용 권한은 사용자에게 귀속되며 교육적 용도뿐만 아니라 개인적 용도 및 상업적 용도로도 활용할 수 있다. 뤼튼의 부모 모델인 하이퍼클로바는 한국어에 특화된 모델이라서 뤼튼은 한국어에 최적화된 결과물을 만들어 준다.

(4) 클로바X: clova-x.naver.com

클로바X는 네이버가 자체 언어모델인 하이퍼클로바X(HyperCLOVA X)를 활용하여 만든 한국형 대화형 인공지능 서비스다. 클로바X는 네이버의 방대한 한국어 데이터셋을 기반으로, 국내에 특화된 정보들을 자연스러운 한국어로 제공한다. 네이버는 검색, 쇼핑 등 다양한 자사 서비스를 생성형 AI인 클로바X와 연결하여 사용자 편의를 높여 나가고 있는데, 특히 모두를 위한 AI 기술을 강조하며 누구도 소외되지 않도록 이용자 접근성을 혁신하고 창작 활동 지원도 해 나갈 것임을 강조하고 있다●.

(5) AskUP(아숙업): askup.upstage.ai

AskUp(아숙업)은 AI 스타트업 업스테이지가 운영하는 챗GPT 기반 카카오톡 채널이다. 카카오톡에서 돋보기 모양의 검색 아이콘을 선택하고 askup을 입력한 뒤, 목록에서 채널 추가를 선택하면 채팅을 시작할 수

● 김미희. (2023.12.08.). "하이퍼클로바X 활용한 접근성 개선 방안 모색" 네이버. 파이낸셜뉴스. https://www.fnnews.com/news/202312081447185172

있다. AskUp은 하루에 GPT-3.5 기반으로는 100건, GPT-4 기반으로는 10건의 답변이 무료로 제공된다. GPT-4로 답변을 받으려면 질문 앞에 느낌표를 붙여서 '!질문내용' 형식으로 대화를 시작해 보자. 여행지와 맛집 등을 카카오톡에서 편하게 검색할 수 있고, 인물 사진을 올리면 보정도 해 준다. 음식 사진을 올리면 영양 정보를 상세하게 파악할 수 있고 곁들이면 어울릴 와인도 추천받을 수 있다.

　AskUp은 '눈달린 챗GPT'라고 표현할 수 있다. 업스테이지의 광학문자인식(OCR) 기술과 챗GPT가 결합되어 문서를 사진으로 찍으면 그 내용을 이해하고 답변해 준다. 이미지에서 1,000자까지 글자를 판독하여 내용을 요약받거나 다른 언어로 번역해 볼 수 있다. 다만, AskUp은 2021년 10월 이전 데이터로 학습된 오픈 API의 모델을 사용했기 때문에 최신의 정보가 지원되지 않는다는 단점이 있다. 이를 보완하기 위해서 AskUp은 물음표 검색을 지원한다. 질문 앞에 물음표를 붙여서 '?질문' 형식으로 대화를 시작하면 생성형 AI가 만들어낸 답변에 검색 결과를 함께 보여 준다. 이를 통해 정보의 최신성 및 정확성을 보완하고 있다. AskUp 서비스는 14세 이상 사용 가능하며 미성년자는 보호자의 적절한 지도하에 사용할 것을 권장하고 있다.

(6) PDF 기반 상호작용

챗GPT 기반 온라인 서비스 가운데 마치 사람과 대화를 하듯 PDF 문서와 상호작용 할 수 있는 플랫폼이 있다. PDF 파일을 업로드한 뒤 해당 PDF에 대하여 AI와 대화를 나눌 수 있다. 학생들과 연구자들은 논문이나 책을 올려서 공부할 주제에 대해 토론할 수 있고, 직장인들은 업무 매

뉴얼 등의 PDF 파일을 올리고 질문을 던져서 필요한 정보를 빠르게 얻을 수 있다. PDF을 업로드해서 AI와 대화를 나눌 수 있는 대표적 서비스는 다음과 같다.

- ChatPDF: https://www.chatpdf.com
- ChatDOC: https://www.chatdoc.com
- Humata.ai: https://www.humata.ai

그리고 PDF 문서의 내용을 기반으로 챗봇을 제작해 주는 AI 챗봇 빌더 서비스들도 있다. 사용자가 PDF를 업로드하면 챗GPT에 PDF의 데이터를 학습시켜서, PDF에 있는 콘텐츠를 기반으로 사용자의 질문에 답할 수 있는 챗봇이 만들어진다. 사용자는 간단히 PDF를 업로드하는 것만으로도 별도의 챗봇 링크를 얻거나, 문서의 내용에 대해 답하는 챗봇 위젯을 웹사이트에 추가할 수 있다. PDF 내용을 기반으로 챗봇을 만들어 주는 대표적 서비스는 다음과 같다.

- DocsBot: https://docsbot.ai
- Chatbase: https://www.chatbase.co

(7) 유튜브 영상 요약

유튜브 영상은 재미있고 유용하지만 때로는 끝까지 시청할 시간이 부족할 수 있다. 챗GPT를 활용하면 유튜브 영상을 텍스트로 변환하고 그 내용을 다시 요약해서 볼 수 있다. 짧은 시간 안에 많은 정보를 얻을 수 있어서 학습의 효율성을 높일 수 있다. 동영상 전체를 시청할 필요 없이 영상의 내용을 글로 확인할 수 있고, 이에 대한 요약본도 받을 수 있기 때문에 짧은 시간 안에 보다 많은 정보를 얻을 수 있어서 학습 효율성을 높일 수 있다. 앞으로는 유튜브 영상을 볼 때 일시 정지를 하며 내용을 메모하거나 요약할 필요 없이 영상의 내용을 손쉽게 정리해 가며 학습에 도움을 받을 수 있다. 대표적 서비스는 다음과 같다.

- YouTube Summary with ChatGPT: https://glasp.co/youtube-summary

▶ 사용법

❶ 크롬 웹스토어에서 "YouTube Summary with ChatGPT"를 검색한다.

❷ 확장 프로그램에 추가한다.

❸ 챗GPT 사이트를 열고 로그인을 해 둔다.

❹ 보고 싶은 유튜브 영상을 실행한 뒤 영상 오른쪽의 'Transcript & Summary' 영역을 선택한다. 그러면 영상의 내용을 모두 자막으로 볼 수 있다. 챗GPT 아이콘을 선택하면 챗GPT 사이트로 화면이 전환되면서 영상 내용이 요약되어 영어로 보여진다. 챗GPT 프롬프트 창에 "한국어로 번역해 줘."라고 입력하면 영상 요약을 한국어로 볼 수 있다.

이와 비슷하게 트로우(Traw)도 유튜브 영상에 대한 요약 정보를 제공해 준다.

- Traw.ai: https://traw.ai

트로우에서 유튜브 영상 링크를 입력하면 영상의 내용을 요약하여 문서로 정리해 준다. 만약 해외 영상인 경우, 자동으로 한국어로 번역하여 요약해 준다. 영상 전체의 내용을 압축적으로 요약해 주기도 하고, 요약된 내용이 영상의 어느 부분일지 영상 시간대별로 썸네일과 함께 간략한 내용들을 살펴보도록 제시해 주기도 한다.

트로우를 활용하면 요약된 콘텐츠를 기반으로 영상의 내용을 빠르게 파악한 다음, 더 자세히 알고 싶은 섹션을 선택적으로 재생하여 동영상을 보다 효율적으로 시청할 수 있다. 그리고 요약된 문서를 다른 사람들과 공유하거나 블로그 등에서 쉽게 내용을 정리할 수 있다.

이미지 생성형 AI

(8) 빙 이미지 크리에이터: bing.com/create

빙 이미지 크리에이터는 마이크로소프트의 빙(Bing) 채팅 서비스에서 제공하는 이미지 생성 기능이다. 이 기능은 챗GPT 개발사 오픈AI가 개발한 그림을 그려 주는 AI '달리'(DALL-E)를 기반으로 제공되고 있다. 이미지에 대한 설명을 입력하고 이미지에 삽입될 만한 정보를 텍스트로 입력하면 자동으로 이미지를 생성해 준다. 빙 이미지 크리에이터로 생성된 이미지는 이미지 모서리에 빙 아이콘이 붙어서 AI가 생성한 이미지임을 표시해 준다. 마이크로소프트는 오픈AI와 협력해 유해하거나 안전하지 않은 이미지의 생성을 제한하기 위한 보호 장치 및 추가 보호 기능을 구현하고 있다.

빙 이미지 크리에이터는 마이크로소프트 계정으로 로그인하여 사용할 수 있다. 학생들은 교육용 오피스 365 계정을 이용하여 회원가입할 수도 있으며 이 경우 14세 미만 학생은 보호자의 동의 및 보호자 휴대전화 인증이 필요하고, 14세 이상 학생은 본인 명의 휴대전화 인증이 필요하다.

(9) 셔터스톡 AI: shutterstock.com/ko/ai-image-generator

셔터스톡 AI(Shutterstock AI)는 스톡 사진(판매용 기성 사진) 플랫폼인 셔터스톡이 선보인 이미지 생성 AI 서비스이다. 셔터스톡은 2022년 10월에 오픈AI와 파트너십을 맺고 이후 셔터스톡 AI를 출시했다. 셔터스톡 AI는 빙 이미지 크리에이터와 동일하게 오픈AI의 달리(DALL-E)를 기반으로 제공되고 있다. 대부분의 생성AI들은 영어로 입력해야 보다 디테일한 결과물이 생성되는데 셔터스톡AI는 한국어 명령어도 지원한다.

셔터스톡 AI는 셔터스톡의 방대한 이미지 데이터 세트로 훈련되었으며 사용자는 단순한 텍스트 설명만으로도 고품질의 이미지를 생성할 수 있다. 그리고 여기에서 생성한 이미지는 상업적으로도 활용 가능하다. 셔터스톡은 이미지를 생성하는 데 활용된 학습 데이터들의 저작권을 보호하기 위해 학습에 사용된 이미지들의 원저작자에게 보상을 제공하고 있다.

(10) 어도비 Firefly: firefly.adobe.com

어도비(Adobe)의 Firefly는 텍스트를 이미지, 비디오, 3D 등 다양한 미디어로 변환하는 AI 서비스이다. Firefly는 어도비 크리에이티브 클라우드(Adobe Creative Cloud) 서비스의 일부로, 어도비의 다양한 창작 도구들과 연동되어 텍스트 기반으로 창작물을 생성하고 편집하는 기능을 지원한다.

어도비는 생성 AI로 만들어진 이미지의 저작권 문제를 해결하기 위해, 자사가 보유한 수억 개의 어도비 Stock 이미지를 비롯하여 저작권이 만료된 공개 콘텐츠로만 AI 모델을 학습시켰다. 또한 어도비가 호스팅하는 Behance에 탑재된 이미지들은 작가들의 저작권이 있는 자료이므로 학습 데이터로 활용하지 않았다고 명시했다. 그리고 어도비는 자신의 작품이 AI 학습 데이터에 쓰이지 않도록 차단할 수 있는 'Do Not Train' 시스템을 만들고 있고, 만약 작가가 자신의 창작물을 데이터로 제공한다면 이에 상응하는 적절한 비용을 지불할 계획이라고 밝혔다.

(11) 드림 바이 웜보 (Dream By Wombo): dream.ai/create

웜보드림(WOMBO Dream)은 텍스트를 이미지로 변환하는 AI 기반의 이미지 생성 서비스이다. 원하는 주제를 입력하고 스타일을 선택하면 몇 초 안에 AI가 그림을 그려 준다. 예를 들어 '고양이가 공부하는 모습'이나 '깊은 산속에 숨겨진 마을'과 같은 문장을 입력하고 Realistic(사실적), Abstract(추상적), Anime(애니메이션적), Watercolor(수채화적), Paint(유화적), Comic(만화적) 등의 스타일을 선택하면 웜보드림은 그에 맞는 이미지를 생성해 준다.

웜보드림은 전체 연령가의 웹과 모바일 앱을 무료로 제공한다. 안드로이드 플레이 스토어에서는 전체 연령가이고, iOS 앱 스토어에서는 12세 이상 연령가로 제공하고 있다. 학생들은 웜보드림을 사용하여 자신이 쓴 이야기에 AI가 생성한 이미지를 조합하여 동화책을 만들 수 있다. 자료에 시각 요소를 조합하여 전달하려는 의미를 풍부하게 만들거나 이미 배운 주제를 적절한 문장을 통해 시각화하도록 AI에게 요청하여 상상력과 창의력을 개발할 수 있다. 또한 AI가 생성한 이미지를 바탕으로 다양한 시나리오와 문제 해결 전략을 논의해 볼 수 있다. 그리고 복잡한 개념이나 아이디어를 AI를 통해 시각화해 볼 수도 있다.

(12) DALL-E: labs.openai.com

DALL-E는 챗GPT를 만든 오픈AI가 제공하는 이미지 생성 AI이다. DALL-E라는 이름은 영화 〈월-E〉와 화가 〈살바도르 달리〉에서 글자들을 따와 지어졌다. 명령어를 입력해서 새로운 이미지를 만들거나, 기존의 이미지를 업로드해서 변형시킬 수 있다. 특정한 조건을 입력하여 화풍을 구현하는 기능도 지원된다. 단, 선정적이거나 실제 유명인과 관련된 이미지를 생성하는 것에는 제한이 걸려 있다. 또, 아웃페인팅(Outpainting) 기술을 이용하여 그림이나 사진의 바깥쪽 부분을 AI가 상상하여 만들어 낼 수 있다. 이에 따라서 명화 속에서 보이지 않은 부분을 만들어 내거나 기존 그림들을 확장해 내는 시도들이 주목을 받고 있다.

(13) 미드저니: midjourney.com

미드저니(Midjourney)는 사용자가 입력한 문장이나 이미지를 기반으로 아름답고 복잡한 이미지를 생성하는 AI이다. 미드저니는 고품질의 그림을 만들 수 있어서 큰 인기를 누리고 있다. 미드저니는 샌프란시스코에 기반을 둔 독립 연구소인 미드저니, Inc.에 의해 제작되어 운영되고 있다. 미드저니는 사용하려면 디스코드 프로그램에 회원가입을 하고 미드저니 채널에 접속해야 한다. 미드저니는 유료로 구독해야 하지만, 일단 구독하면 무제한으로 이미지를 생성할 수 있고 만들어진 이미지를 상업적으로 이용할 수 있다. 그리고 미드저니 갤러리를 통해 다른 미드저니 사용자가 생성한 그림을 살펴보고 어떤 프롬프트로 그림이 생성되었는지를 참고할 수 있다*. 미드저니는 예술 창작 과정에서 협업자로서 역할을 하며 많은 사람들에게 예술적 영감과 창작의 동력을 제공하고 있다.

(14) 블루윌로우: bluewillow.ai

블루윌로우는 미드저니와 사용법이 유사한 AI 기반 이미지 생성 플랫폼이다. 블루윌로우는 미드저니와 비슷하게, 디스코드를 설치하고 블루윌로우 사이트를 통해 이미지 생성 채널에 가입하여 사용할 수 있다. 이메일 인증을 마치면 이미지 제작이 가능한 〈#Rookies-번호〉 방으로 이동할 수 있다. 이미지를 생성할 수 있는 방으로 이동하여 채팅창에 이미지를 만드는 프롬프트를 입력한다. 명령창에 /imagine 라고 입력하고 스페이스바를 누르면 /imagine prompt 가 만들어진다. /imagine prompt 는

● Midjourney. (n.d.). Midjourney showcase. https://www.midjourney.com/showcase/recent

이미지를 생성하는 가장 기본적인 프롬프트이다. /imagine prompt 뒤에는 사용자가 만들고 싶은 그림에 관한 설명을 영문으로 입력한다. 만들고 싶은 그림에 대해 설명하는 프롬프트에서는 단어나 문장별로 쉼표(,)를 통해 내용을 구분할 수 있다. 그리고 명령어 뒤에 "-- "를 입력하여 파라미터를 지정할 수 있다. 파라미터는 주로 이미지의 크기, 이미지에서 제외하고 싶은 변수 등을 지정하기 위해 활용된다.

블루윌로우는 미드저니에 비하여 이미지 생성 품질이 다소 부족하지만, 일정 개수만큼 무료로 이미지를 생성할 수 있다. 그리고 블루윌로우에서 만든 무료 이미지도 일상 생활에서 사용하기에는 충분한 정도다.

비디오 생성형 AI

(15) 디아이디(D-ID): D-ID.com

디아이디(D-ID)는 AI 기반으로 아바타 제작 및 동영상 편집 서비스를 제공하는 온라인 플랫폼이다. AI 기술을 이용하여 이미지나 음성을 입력하면 이를 기반으로 가상의 인물을 만들어 준다. 디아이디는 이스라엘의 스타트업 기업으로 텍스트와 이미지를 기반으로 고품질의 비디오를 생성하는 AI 기술을 개발하고 있으며 디아이디 플랫폼은 2022년 7월에 출시되었다. 디아이디의 Creative Reality Studio는 사용자가 움직이고 말하는 아바타를 만들 수 있는 기능을 제공한다. 디아이디를 활용하면 교육 내용을 설명하는 아바타 영상을 만들거나, 말하는 캐릭터를 수업 자료에 추가할 수 있다.

사용자는 다양한 캐릭터들을 선택할 수 있고, 내 사진을 올려서 직접 캐릭터를 만들 수도 있다. 캐릭터를 지정하고 나서 아바타가 낭독할 글을 입력해 준다. 그리고 아바타가 대사를 할 언어와 목소리의 성별이나 듣기 좋은 목소리의 유형을 선택하면 실시간으로 동영상을 만들어 준다. 또는 스테이블 디퓨전(Stable Diffusion)의 텍스트 투 이미지(Text to Image) 기능을 사용해 아바타를 직접 만들 수도 있다.

(16) 런웨이(Runway): runwayml.com

런웨이는 2022년 11월에 출시된 영상 편집 AI이다. 런웨이를 이용해 보면 가짜 뉴스에 악용되는 딥페이크에 대한 우려가 과장이 아니라는 것을 이해하게 된다. 런웨이는 다양한 AI 솔루션을 제공하는데 지금은 비디오 편집을 위한 차세대 툴로 주목을 받고 있다. 런웨이를 사용하면 동영상의 일부 요소를 자신의 이미지로 교체하거나 조작하여 기존 비디오를 전혀 다른 비디오로 만들 수 있다.

(17) 카이버(Kaiber): kaiber.ai

카이버(Kaiber)는 2023년 3월에 출시된 애니메이션 제작 AI이다. 카이버는 설명만 하면 애니메이션을 만들어 준다. 사용자의 입력 내용을 시각적으로 변환해 주는 AI 서비스이다. 간단히 아이디어를 설명하고, 필요하다면 사진만 업로드하면 된다.

(18) 브루(Vrew): vrew.voyagerx.com

브루(Vrew)는 국내 기업인 보이저엑스가 제공하는 AI 기반의 영상 편집 플랫폼이다. 브루는 원래 영상 속의 음성을 자동으로 인식하여 자막을 생성하는 프로그램으로 유명했다. 그리고 여기에 생성형 AI 기술이 적용되어 텍스트를 입력하면 AI 목소리까지 영상에 입혀 주는 기능이 추가되었다. 브루에 텍스트를 입력하면 AI 목소리를 생성해 준다. 이후 여기에 이미지나 영상을 또 추가할 수 있다. 브루에서 텍스트를 목소리로 생성하고 디아이디(D-ID)에서 생성한 말하는 아바타를 추가하면 사진 속 사람이 말하는 듯한 모습과 AI 목소리를 합성된 영상을 제공할 수 있다.

(19) 픽토리 AI(Pictory AI): pictory.ai

픽토리 AI는 글만 있으면 영상을 만들어 주는 생성형 AI 서비스이다. 픽토리 AI는 2020년 7월에 출시되었는데 최근 챗GPT로 작성한 문서를 바로 동영상으로 만들 수 있다는 장점으로 많은 관심을 받고 있다. 픽토리 AI에 글을 입력하면 글에 어울리는 배경 영상과 이미지를 매칭하여 자동으로 동영상을 만들어 준다.

오디오 생성형 AI

(20) 뮤직LM: aitestkitchen.withgoogle.com

뮤직LM은 음악을 생성하는 구글의 AI 모델이다. 구글 AI 연구팀은 뮤직LM의 개발 과정을 논문으로 공개하였다[*]. 논문에 따르면 뮤직LM은 28만 시간 분량의 음악 데이터셋으로 만들어졌으며 24kHZ(킬로헤르츠) 음질 수준의 음악을 생성해 낸다. 뮤직LM은 복잡한 텍스트를 입력해도 이를 음악으로 만들어 주고 음악의 멜로디를 다른 악기로 변환해 주는 기능을 갖췄다.

뮤직 LM의 이용법은 간단하다. 사용자는 듣고 싶은 음악을 글로 입력하기만 하면 된다. 예를 들어 '저녁 파티를 위한 소울풍 재즈'라고 입력하면 이에 맞는 음악이 생성되어 들을 수 있다. 뮤직LM은 테마 음악도 생성할 수 있다. 예를 들어 '명상, 산책, 집중' 등의 단어들을 순서대로 입력하면 인공지능 모델이 키워드를 한 콘셉트로 엮어서 노래를 제공한다. 구글 연구진은 뮤직LM으로 사람 목소리까지 시뮬레이션할 수 있다고 논문을 통해 밝혔다. 뮤직LM의 제작 과정을 담은 논문과 음악 샘플에 대해서는 구글 리서치 홈페이지를 통해 상세히 알아볼 수 있다[**].

구글은 뮤직LM의 연구 과정을 알릴 당시에만 해도 저작권에 대한 우려 때문에 뮤직LM을 일반인들에게 공개하지 못했었다. 당시 연구팀은 학습용 데이터 세트에 저작권으로 보호된 콘텐츠가 포함될 수 있으며, 윤리적인 과제들에 대한 해결이 아직 남아 있었다고 밝혔다. 이에 따라 일반인들에게 최종적으로 공개된 뮤직LM에서도 사용자가 특정 아티스

● Agostinelli, A., Denk, T. I., Borsos, Z., Engel, J., Verzetti, M., Caillon, A., Huang, Q., Jansen, A., Roberts, A., Tagliasacchi, M., Sharifi, M., Zeghidour, N., & Frank, C. (2023, January 26). MusicLM: Generating music from text. arXiv.org. https://arxiv.org/abs/2301.11325
●● 참고: Generating Music from text. MusicLM. (n.d.). https://google-research.github.io/seanet/musiclm/examples

트나 보컬의 스타일을 지정하여 음악을 만들 수는 없다. 사용자들이 인기 아티스트의 가짜 미발매 곡을 만들어 파는 것을 방지하고 저작권을 보호하기 위해서이다. 현재 공개된 뮤직LM은 저작권과 윤리적 문제를 해결한 데이터 세트로 학습된 인공지능 모델이다.

뮤직LM은 구글의 인공지능 체험앱인 AI 테스트 키친(AI Test Kitchen)를 통해 사용해 볼 수 있다[*]. 어떤 음악을 만들고 싶은지 명령어를 입력하면 2개의 음악이 생성된다. 둘 중 어떤 음악이 만족스러웠는지 피드백을 할 수 있고, 생성된 음악을 다운로드할 수도 있다.

(21) AVIA: www.aiva.ai

AIVA는 2016년에 설립된 인공지능 기반 작곡 플랫폼이다. AIVA는 인공지능 알고리즘을 통해 원하는 분위기, 장르, 악기 등을 설정하면 자동으로 음악을 생성해 준다. 사용자는 음악의 분위기, 리듬, 악기, 길이 등을 선택하고 AI가 이런 옵션들에 맞추어 작곡을 해 준다. 결과물은 원하는 길이로 만들어지고, 악기별 볼륨, 템포, 화음 등도 조정할 수 있다.

AIVA는 여태까지 가장 위대했던 3만 개의 명곡들을 들으면서 작곡의 예술을 배운 인공지능이다[**]. AIVA는 딥러닝의 심층신경망을 이용하여 곡들에서 패턴을 찾아 분석한다. 이러한 분석을 통해 어떠한 음이 나

● 참고: Google. (n.d.). AI Test Kitchen. https://aitestkitchen.withgoogle.com
●● Barreau, P. (2018, April). How AI could compose a personalized soundtrack to your life. TED Talk. https://www.ted.com/talks/pierre_barreau_how_ai_could_compose_a_personalized_soundtrack_to_your_life

오는 것이 적절할지에 대한 추론 능력을 길러진다. 이를 통해 AIVA에게 특정 음악 스타일을 주문하면, 수학적인 규칙들의 집합을 통해 새롭고 고유한 곡을 만들어 낸다.

다만 음악은 매우 주관적인 예술이다. 따라서 AIVA는 사람들이 선호하는 스타일 그리고 분류를 학습해야 했다. 따라서 AIVA 제작사는 학습 데이터베이스에 들어있는 모든 곡들에 30개가 넘는 카테고리 라벨을 지정했다. 이런 라벨들은 사람의 기분이나 곡의 사조 등이 될 수 있다. 이런 모든 데이터를 참조하여 AIVA는 사람들의 요구사항에 섬세하게 대응할 있게 되었다.

AIVA를 활용하면 누구나 창작자로서의 경험을 할 수 있다. 그리고 기존의 작곡자들도 매우 빠른 곡 작업이 가능해지고, 전혀 상상하지 못했던 악상, 또는 평소 스타일과 다른 진행을 발전시켜 나갈 수 있기 때문에 인간의 창의성을 확장시키는 데 도움이 된다. 또한 AIVA는 주문형으로 음악을 만들어 주므로 나만의 맞춤형 음악을 제작할 수 있다. 현존하는 콘텐츠들 중에서 게임은 사용자에게 각각의 상황에 따라 다른 반응을 얻을 수 있도록 인터랙티브한 경험을 제공한다. 그런데 음악에서는 왜 인터랙티브한 반응형 경험을 얻을 수 없을까? AIVA를 활용하면 마치 게임처럼 순간순간 나의 기분에 따라 개인화된 음악을 제작할 수 있다. 인공지능 작곡 프로그램을 통해 음악이 맞춤화되고 세상 모두가 자기만의 음악을 소유하거나, 매 순간 나의 기분에 맞는 음악을 들을 수 있게 된다.

AIVA는 음악 작곡뿐만 아니라, 영화, 게임, 광고 등에 사용할 수 있는 배경 음악과 효과음도 제공한다. AIVA의 장점은 사용자가 인공지능에 의해 생성된 음악을 자유롭게 수정할 수 있다는 점이다. 사용자는 완성된 곡을 살펴보고, 수정하며, 좋아하는 부분만 추출할 수 있다. 이렇게 추출한 부분을 조합하여 자신만의 음악을 만들어 내는 것도 가능하다.

그리고 AIVA로 만든 음악에는 나의 저작권을 부여하고 수익 창출을 하는 것도 가능하다. 다만, AIVA에서 사용하는 요금제에 따라 허용하는 정도가 달라지므로 제작사의 정책을 참조할 필요가 있다.

(22) 뮤직젠: ai.honu.io/papers/musicgen

메타에서 발표한 뮤직젠(MusicGEN)은 텍스트 입력을 통해 음악을 생성해 주는 오픈소스 AI 모델이다. 이 모델은 원하는 음악 스타일을 문장으로 입력하면 새로운 음악을 생성해 준다. 뮤직젠은 챗GPT같은 언어 모델처럼 트랜스포머 알고리즘을 기반으로 음악이 이어질 다음 구간의 멜로디나 사운드를 자연스럽게 만들어 낸다. 다만, 뮤직젠은 제어 가능하면서도 간단한 음악 생성을 목적으로 개발된 단일 언어 모델(LM)이다. 뮤직젠은 허깅페이스 AI 사이트를 통해 데모를 체험해 볼 수 있다[*]. 뮤직젠에서는 원하는 음악 스타일을 글로 설명하고 기존의 곡을 추가하면 비슷한 음악을 생성해 준다. 그리고 뮤직젠 소스코드를 구글 코랩을 통해 실행하면 더 길고 풍부한 음악을 만들어 준다[**]. 뮤직젠은 누구나 무료로 사용할 수 있으며 상업적 사용이 허용된다.

● Meta. (n.d.). MusicGen — a Hugging Face Space by facebook. MusicGen. https://huggingface.co/spaces/facebook/MusicGen

메타는 뮤직젠의 학습에 사용된 모든 음원은 저작권자와 법적 계약 또는 음원 회사와의 파트너십을 맺어 사용했다고 밝혔다. 뮤직젠 AI의 학습에는 약 2만 시간 분량의 음악 데이터셋이 사용되었다. 여기에는 1만여 개의 고품질 음악 트랙과 셔터스톡(Shutterstock) 및 대규모 미디어 라이브러리인 폰드5(Pond5)의 39만 개의 악기 소리가 포함되어 있다●●●.

뮤직젠은 메타의 엔코덱 오디오 토크나이저를 사용해서 오디오 데이터를 작은 구성 요소로 분해해서 빠르고 효율적으로 음악을 생성한다. 그리고 작은 단위별로 각각 텍스트 설명과 사운드 신호 토큰을 병렬로 동시에 처리해서 좀 더 예술적인 느낌으로 음악을 생성할 수 있도록 하였다. 메타 연구팀은 매개변수를 3억 개, 15억 개, 33억 개로 달리하여 3개의 AI를 개발하여 테스트를 진행했다. 그 결과 매개변수가 높아질수록 음악 품질이 좋아졌지만, 사람들에게 가장 좋은 평가를 받은 것은 15억 개였다. 그 이유는, 매개변수가 너무 많으면 외부 소음까지 음악에 포함되면서 오히려 사람들에게 부정적인 경험을 주었기 때문이다.

생성형 AI가 만든 음악과 관련하여 저작권에 관한 우려와 법적 문제는 여전히 해결되지 않은 상태로 남아 있다. 이러한 AI 도구는 일반적으로 기존의 음악을 학습하여 유사한 효과를 생성하기 때문에, 저작권이 있는 기존 자료를 무단으로 사용한다면 법적 문제가 발생할 수 있다. 그리고 원본 콘텐츠와 AI를 통해 새롭게 생성된 콘텐츠 사이의 경계가 모

●● Camenduru. (n.d.). MusicGen Colab. Github. https://github.com/camenduru/MusicGen-colab
●●● 이지현. (2023, June 13). 메타, AI 음악 싱싱기 뮤직젠 오픈소스로 공개. CIO Korea. https://www.ciokorea.com/news/294331

호해지는 측면도 있다. AI로 생성된 음악의 잠재력이 계속 펼쳐짐에 따라 이러한 문제를 어떻게 해결해 나가야 할지에 대한 관심이 필요하다.

멀티모달 생성형 AI

(23) 감마(Gamma): gamma.app

교육자들은 매번 수업 자료를 만들지만, 디자인부터 레이아웃 그리고 어떤 이미지가 어울릴지에 대한 고민으로 많은 시간을 소모한다. 감마(Gamma)는 이런 고민을 덜어주는 챗GPT 기반 문서 자동 생성 서비스이다. 감마는 발표 자료, 문서, 웹페이지 생성 서비스를 제공한다. 감마에게 자료를 만들고 싶은 주제를 입력하기만 하면 AI가 알아서 세련되고 전문적인 결과물을 생성해 준다. 감마 사이트의 채팅창에서 무엇에 관한 발표를 하고 싶은지 묻는 질문에 주제를 입력한다. 그러면 AI가 주제와 유사한 내용의 자료들을 조사하여 새로 만들 발표 자료의 개요를 작성해 준다. 만들어진 개요가 마음에 들지 않는다면 [Try Again]을 선택하여 마음에 들 때까지 개요를 제안받거나 직접 내용을 수정할 수도 있다. 그리고 어떤 스타일로 만들 것인지 템플릿들 중 하나를 선택하면 글꼴, 배치, 이미지 등 모든 디자인 요소들이 자동으로 입혀진다. 또한 협업 기능을 활용하여 다른 사용자와 작업물을 공유하여 공동 편집을 할 수도 있다. 감마를 활용하면 수업 자료나 발표 자료를 준비하는 시간을 획기적으로 줄일 수 있다.

(24) 코파일럿: adoption.microsoft.com/copilot

마이크로소프트는 검색엔진 빙을 시작으로 오피스에도 생성형 AI를 탑재한다. 생성형 AI와 결합한 새로운 오피스의 명칭은 '마이크로소프트 365 코파일럿'이다. 코파일럿이라는 말 그대로 AI가 인간을 위한 부조종사가 되어서, 사용자의 명령을 오피스 프로그램에 반영해 원하는 결과물을 만들어 낸다. 그동안 파워포인트 프로그램을 열고 어떻게 자료를 만들지 고민하던 시간과 엑셀로 데이터를 분석하며 함수 사용을 어떻게 할지 고민하던 노력을 이제 코파일럿이 대신해 준다.

가장 눈에 띄는 제품은 역시 파워포인트다. 수업 자료를 만들 때 페이지 내용과 구성부터 디자인까지 모든 고민을 덜어 준다. 사용자는 코파일럿 파워포인트에 자료의 핵심적인 내용만 입력하고 결과물을 만들어 달라고 요청하기만 하면 알아서 전체 페이지가 만들어진다. 처음 만든 결과가 마음에 들지 않으면 대화를 통해 얼마든지 수정이 가능하다.

코파일럿 엑셀에서는 데이터만 제공하면 알아서 표와 그래프를 구성하고 데이터에서 얻을 수 있는 핵심 인사이트를 요약해 준다. 그리고 기존에 함수를 써야 했던 기능들도 채팅 형태로 요청하면 구현해 준다.

코파일럿 팀즈는 온라인 회의에 참석하지 못한 구성원을 위해 회의 내용을 실시간으로 요약해서 공유해 준다. 코파일럿 아웃룩은 메일의 핵심 내용을 요약해서 보여 주고, 답장을 쓸 때 알아서 그럴듯한 답변 내용도 추천해 준다. 결국은 오피스를 통해 우리가 일하고 배우는 방식이 달라질 것이다. 더 이상 어려운 함수나 기능들을 외우지 않아도 되고, 디자인과 구성을 고민하는 시간이 줄어들기 때문이다. 우리는 무엇을 위해 일하고 배울 것인지, 그 결과를 통해 어떤 목적을 달성할 것인지에 온전히 집중하여 더 창의적인 결과물을 만들 수 있게 된다.

오토GPT

오토GPT(Auto-GPT)는 오픈AI의 언어모델 GPT-4를 기반으로 만들어진 오픈소스 파이썬 프로그램이다. 여기서 Auto는 자율적이라는 의미를 가진 Autonomous의 줄임말로, 사용자가 임무를 주면 중간 단계의 보조 업무들은 자동적으로 수행된다는 뜻에서 이같은 이름이 붙었다.

오토GPT는 특정 문제에 국한되는 게 아니라 주어지는 모든 상황에서 생각, 학습, 창작하는 능력을 지닌 '범용 인공지능(AGI; Artificial General Intelligence)'에 가장 가깝다고 평가되고 있다. 기존의 챗GPT와 오토GPT의 차이는 무엇일까? 챗GPT는 일일이 질문해야 답을 얻을 수 있지만 오토GPT에서는 목표만 설정하면 모든 작업을 자동으로 완성해 준다. 오토GPT에서는 사람이 일일이 개입하지 않아도 AI가 스스로 문제 해결 방식을 바꿔가며 목표를 달성한다.

예를 들어 '유튜브에서 조회 수가 많이 나오는 영상 제작'을 목표로 제시하면, 오토GPT는 최근 유튜브 인기 동영상을 검색하고 이를 주제별로 분류한다. 그리고 어떤 식으로 촬영을 하면 되는지를 자세하게 설명해 준다. 한 개발자는 자신의 트위터에 "오토GPT에게 나를 위한 앱을 만들라고 지시했더니, 오토GPT가 내 컴퓨터에 개발 관련 프로그램이 없다는 것을 스스로 파악하고 해당 프로그램을 검색해 설치한 후 지시했던 앱을 만들었다."라고 했다.

오토GPT는 챗GPT와 같은 언어모델 에이전트 여러 개로 구성된다. 에이전트들은 각각 명령을 수행하기 위해 필요한 여러 단계의 보조 업무들을 수행한다. 예로 들면 어떤 에이전트는 해야 할 일 업무들을 구분하고, 또 다른 에이전트는 정해진 업무를 수행하는 식이다. 이외에도 어떤 에이전트는 다른 에이전트가 수행한 업무를 평가한다. 정리하면 오토GPT는 실수를 수정하는 자율 반복(Autonomous iterations) 과정을 스스로 거치면서 실수를 스스로 수정하고, 사용자가 제시한 목표로 한 걸음씩 나아가서 결과물을 생성하는 AI이다. 오토GPT는 인간과 공생이 가능한 AGI의 초기 모습이라는 평가와 함께 한편으로는 너무 빠른 AI의 발전이 두렵다는 반응을 불러일으키기도 한다.

(25) 에이전트GPT: https://agentgpt.reworkd.ai

그런데 오토GPT는 어느 정도 컴퓨터 지식을 갖추어야 실험해 볼 수 있다. 오토GPT는 파이썬 개발 환경을 갖추고 오픈소스 프로젝트 저장소를 통해 세팅할 수 있다. 그리고 오픈AI 유료 계정으로 GPT-4 API 키를 적용해야 한다. 그리고 오토GPT의 배경에서 동작하는 GPT-4 모델이 작업의 각 단계에서 호출되므로 API 비용이 꽤 많이 발생할 수 있다. 이렇듯 오토GPT는 일반인이 접근해서 사용해 보기 쉽지 않은데 웹에서 회원가입만 하면 바로 사용할 수 있는 에이전트GPT 사이트를 통해 오토GPT를 체험해 볼 수 있다.

실리콘밸리에서는 오토GPT를 영화 〈아이언맨〉의 AI 비서 자비스 같은 초지능 AI의 초기 버전이라고 보고 있다. 기술 매체인 지디넷은 "인간의 감독 없이 잘 작동할 수 있는 AI는 현재 인간이 수행하는 수많은 역할을 대체할 수 있다."라고 언급했고[*] 포춘지는 "오토GPT는 놀랍도록 빠른 혁신과 함께 새로운 위험이 나타나고 있음을 보여 준다."라고 했다[**]. 오토GPT는 목표를 달성하기 위해 자율적인 결정을 내리며 명령을 수행하는 인공지능이다.

교육 분야의 많은 문제에 있어서도 오토GPT와 같은 자율 인공지능이 많은 아이디어와 해결책을 제시할 것이다. 그리고 교육 관계자들은 오토 GPT와 같은 초지능 AI가 앞으로 우리 삶을 어떻게 바꿔 갈 것인지 주시하며 교육적 활용 방안을 조심스럽게 모색하고, 향후 발생할지도 모르는 위험에 대비하기 위해 올바른 AI 윤리와 거버넌스를 수립할 필요가 있다.

● Ortiz, S. (2023, April 14). What is Auto-GPT? Everything to know about the next powerful AI tool. ZDNET. https://www.zdnet.com/article/what-is-auto-gpt-everything-to-know-about-the-next-powerful-ai-tool

●● Kahn, J. (2023, April 16). BabyAGI is taking Silicon Valley by storm. Should we be scared? Fortune. https://fortune.com/2023/04/15/babyagi-autogpt-openai-gpt-4-autonomous-assistant-agi

 부록

코딩 없이 만드는 나만의 생성형 AI

AI 서비스를 만들기 위해서는 고도의 전문 지식과 기술이 필요하지만, 최근 프로그래밍 지식이 없어도 손쉽게 나만의 AI 서비스를 만들 수 있도록 지원하는 노코드 툴(No-code Tool)이 주목받고 있다. 노코드 툴이란 프로그래밍 지식이 없어도 소프트웨어를 개발할 수 있는 솔루션이다. 노코드 툴을 통해 비전공자들도 손쉽게 자신이 원하는 기능과 디자인을 프로그램으로 구현할 수 있다. 노코드 툴의 장점은 누구나 쉽고 빠르게 자신만의 창작물을 만들 수 있다는 점이다. 프로그래밍에 대한 전문 지식이 없어도 창의적인 생각과 혁신적인 아이디어를 실제 프로그램으로 구현해 볼 수 있다. 프로그램을 빠르게 개발하고 비용을 절감할 수 있다.

생성형 AI 역시 노코드 AI 툴 빌더를 활용하여 손쉽게 개발할 수 있다. 이런 서비스들을 사용자 친화적인 인터페이스를 제공하여 간단한 설정과 클릭만으로 생성형 AI를 만들 수 있게 해 두었다. 아이디어와 프롬프트 노하우만 있다면 개발자가 아니더라도 쉽게 AI 언어 모델을 연결하여 서비스를 만들 수 있는 것이다. 코딩 없이 챗GPT와 같은 생성형 AI 활용 도구를 제작 가능한 빌더 서비스를 제공하는 곳들은 다음과 같다.

- 뤼튼 스튜디오: https://studio.wrtn.ai
- GetGPT: https://getgpt.app
- OraAI: https://ora.ai
- Poe: https://poe.com

노코드 AI 툴 빌더는 코딩 지식 없이도 사전 학습된 인공지능 모델을 연결하고 자연어 텍스트를 생성하는 인공지능 앱을 구축할 수 있도록 도와준다. 제작할 AI가 어떤 역할에서 답변을 해 줄지 설정하고 기능을 구현할 프롬프트를 입력한다. 각각의 서비스들은 AI 마켓플레이스를 제공하므로 다른 사용자들이 만든 앱 중에 추천 앱들을 살펴볼 수도 있다. 코딩 지식이 없어도 아이디어가 있다면 나만의 AI 서비스를 만들어 보도록 하자.

챗GPT 질문의 기술

완전 쉬운 프롬프트 엔지니어링 가이드

프롬프트 엔지니어링이란?

원래 프롬프트는 컴퓨터가 명령 대기 상태에서 사용자의 입력을 받을 준비가 되었음을 사용자에게 보이고자 화면에 나타내는 기호를 가리키는 말이다. 챗GPT에서는 채팅 입력 상자에 | 기호가 프롬프트로 깜박이고 있는 것을 볼 수 있다*. 깜박이는 프롬프트에 나만의 문장을 입력하는 것으로부터 생성형 AI와의 대화가 시작된다.

이제는 생성형 AI와 대화하기 위해 사용자가 입력하는 문장이 프롬프트라 불리기 시작했다. 프롬프트는 질문이나 요청 형태로 작성되며 관련 상황이나 시나리오 같은 맥락을 포함할 수도 있다. 프롬프트는 인간과 인공지능이 소통할 수 있도록 둘 사이에 다리를 놓는 역할을 한다.

● 컴퓨터인터넷IT용어대사전, (2011), 프롬프트, 전산용어사전편찬위원회.

AI로부터 원하는 답을 얻어 이를 더 잘 활용하기 위해서는 어떤 명령을 어떻게 내릴 것인지 고민해야 한다. AI에게 더 좋은 결과물을 얻기 위해 입력 프롬프트를 정교하게 다듬는 작업을 프롬프트 엔지니어링이라고 한다. 프롬프트 엔지니어링은 다양한 응용 분야와 연구 주제를 지원하기 위해 생성형 AI를 활용하는 과정에서 프롬프트를 개발하고 최적화하는 작업이다[•].

챗GPT가 확산되며 억대 연봉의 프롬프트 엔지니어에 대한 관심이 뜨겁다. 그런데 이런 전문 프롬프트 엔지니어들은 일반적인 사용자 수준이 아니라 서비스 개발에 깊숙히 관여하는 시스템 프롬프트 전문가들이다. 이들은 대부분 전산 언어학이나 기호학을 전공하였다. 따라서 일반인들이 시스템 프롬프트 엔지니어링에 접근하는 것은 쉽지 않다. 프롬프트 엔지니어링 기술은 대규모 언어모델 또는 사전에 훈련된 전이학습 모델의 기능과 한계, 그리고 대화형 인터페이스의 특성을 잘 이해하는 것으로부터 시작된다.

그렇지만 이 모든 기술적 원리를 잘 이해하지 못하더라도 괜찮다. 일반 사용자로서 프롬프트 작성 방법과 규칙을 이해하고 나의 분야에 최적화된 프롬프트를 고민해 보는 것부터 시작해 보자. 일반 사용자 레벨에서도 누구나 프롬프트 엔지니어로서의 첫걸음을 딛을 수 있으며 이를 통해 생성형 AI라는 날개는 더욱 막강해질 것이다.

● Prompt Engineering Guide. (n.d.). Retrieved April 30, 2023, from https://www.promptingguide.ai

파워 프롬프트 공식 3

파워 프롬프트 공식은 생성형 AI에게 더 좋은 답변을 얻기 위한 질문의 기본 틀이다. 생성형 AI가 사람의 언어를 이해하는 패턴을 고려하여 더 구체적이고 상세한 답변을 얻어내기 위해 파워 프롬프트 공식을 활용해 볼 수 있다. 교육 분야를 위한 파워 프롬프트 공식으로 ❶ 역할 설정형 프롬프트, ❷ 목록 요청형 프롬프트, ❸ 과정 설명형 프롬프트에 대해 알아보자.

❶ 역할 설정형 프롬프트: '～ 로서' 물어보자

역할은 개인에게 기대되는 행동양식을 의미한다. 역할은 각각의 상황별로 사람과 사람 사이에서 기대되는 상호작용에 따라 달라질 수 있다. 한 사람은 가정에서 부모나 형제 등의 역할이 있을 것이고 직장에서는 교사나 동료로서의 역할을 맡고 있을 수 있다.

'역할 설정형 프롬프트'는 특정한 역할을 맡고 있는 입장에서 답변이 생성될 수 있도록 작성하는 프롬프트 형식이다. 예를 들면 "학교 교장 선생님의 입장에서, 운동회 개최를 안내하는 가정통신문을 보낼 때 활용할 수 있는 예시 템플릿을 제공해 주세요."라고 역할 설정형 프롬프트를 작성해 볼 수 있다.

역할 설정형 프롬프트는 생성형 AI에게 질문을 요청하는 맥락이 무엇인지에 관한 정보를 많이 제공한다. 특정 역할이 지녀야 할 관점을 고려하여 답변이 생성되기 때문에 더 정확하고 유용한 답변을 얻을 수 있다.

역할 설정형 프롬프트를 작성하기 위해 활용하면 좋은 문장패턴과 활용 문장 예는 아래와 같다.

▼ 역할 설정형 프롬프트 문장패턴

- ~ 로서
- ~의 역할에서
- ~의 직무에서
- ~의 입장에서
- 당신은 [~ 업무를 맡고 있는] 상황입니다.
- 당신은 [역할, 직무, 입장]입니다.
- 당신은 [~분야] 전문가입니다.
- ~가 되어

예 역할 설정형 프롬프트

- 학부모로서 자녀의 디지털 시민성을 길러주기 위해 할 수 있는 일들을 알려 주세요.
- 학교장의 역할에서 학교 교육의 비전을 수립할 때 고려해야 할 점에는 무엇이 있을까요?
- 교감의 직무에서 학교폭력 사안에 대처하는 방법을 알려 주세요.
- 교사의 입장에서 수업 시간에 계속 잠을 자는 학생에게 해 줄 수 있는 조언을 알려 주세요.
- 당신은 특수교육 업무를 맡고 있는 상황입니다. 특수교육 대상 학생의 보호자와 효과적으로 소통하는 방법을 알려 주세요.
- 당신은 수업 컨설팅을 해야 하는 입장입니다. 수업 컨설팅을 받는 선

생님께 컨설턴트가 드릴 수 있는 조언에는 무엇이 있을까요?

- 당신은 교육평가 분야 전문가입니다. AI와 함께 학생들 평가하는 방법에는 무엇이 있을까요?
- 시간 여행자가 되어 2040년 대한민국의 미래 교육이 어떻게 발전되어 있을지 알려 주세요.

그리고 역할 설정형 프롬프트에는 각각의 역할에 따른 지침과 목표를 포함할 수 있다. 각각의 역할이 지켜야 하는 지침 그리고 달성하고자 하는 목표를 함께 제시하여, 생성형 AI로부터 더욱 적절한 답변을 얻어보자. 다음은 지침과 목표가 더해진 역할 설정형 프롬프트의 예시이다.

예 역할 설정형 프롬프트 + 지침과 목표 예

- 학교폭력 사안처리 업무 담당자로서, 보호자 상담 상황에서 활용할 수 있는 한 페이지 분량의 스크립트를 작성해 주세요*.
  - 보호자가 감정적으로 격앙되어 있을 경우, 동요하지 않고 침착하게 대응하세요.
  - 학교에서 책임을 회피하는 태도, 학생과 가정의 책임으로 돌리는 태도, 사안을 축소하는 태도 등을 지양하고 공정하게 사안을 조사하고 학생들을 지도할 것을 알려 주세요.
  - 보호자의 심정을 충분히 공감하고 이해하며 경청해 주세요.

● 지침 출처: 교육부 · 이화여자대학교 학교폭력예방연구소. (2022). 학교폭력 사안처리 가이드북. 에서 수성 보완

○ 당사자의 개인정보(주소, 전화번호 등)를 당사자 동의 없이 상대방에게 알려 주지 마세요.

○ 전담기구의 사안조사 결과 내용을 알려 줄 수는 없으나 본인 자녀의 확인서는 열람 및 복사가 가능함을 알려 주세요.

○ 장애학생의 보호자가 장애로 인해 의사소통이 어려운 경우, 특수교육전문가 등의 참여를 통해 충분한 상담이 이루어질 수 있도록 해 주세요.

○ 다문화학생(중도입국학생, 외국인학생 등)의 보호자 중 한국어가 미숙하여 의사소통이 어려운 경우, 통역을 통해 충분한 상담이 이루어질 수 있도록 해 주세요.

• 이 스크립트의 목표는 '보호자의 심정을 충분히 공감하고 이해하며 경청하는 것'입니다.

❷ 목록 요청형 프롬프트: 목록으로 요청하자

'목록 요청형 프롬프트'는 특정 주제에 대한 정보나 문제를 해결하기 위한 방법 등을 목록으로 생성하도록 요청하는 프롬프트 형식이다. 목록 요청형 프롬프트는 생성형 AI에게 더욱 상세한 정보를 요구하거나, 세부적으로 다양한 결과들을 얻고자 할 때 활용될 수 있다. 목록 요청형 프롬프트를 쓸 때는 목록에 대한 배경 지식이나 관련 키워드를 생성형 AI에게 추가적으로 제공하면 목록에 대한 맥락적인 이해가 높아져서 더 좋은 결과를 얻는 데 도움이 된다.

목록 요청형 프롬프트를 작성하기 위해 활용하면 좋은 문장패턴과 활용 문장 예는 아래와 같다.

▼ 목록 요청형 프롬프트 문장패턴

- 일반: [배경] 상황에서 [주제]에 대한 [숫자]가지 세부 사항을 목록으로 알려 주세요.
- 정의: [~이 무엇인지, ~에 대해서]를 목록으로 알려 주세요.
- 필요성: [~의 필요성]을 목록으로 알려 주세요.
- 장단점: [~의 장점과 단점들에 대해서] 목록으로 알려 주세요.
- 비교: [~와 ~의 구체적인 차이에 대해서] 목록으로 알려 주세요.
- 활용: [~을 교육적 목적으로] 활용하는 대표적인 방법 [숫자]가지를 목록으로 알려 주세요.
- 예시: [~ 분야]에서 [~을/를] 적용한 구체적인 예시 [숫자]가지를 목록으로 알려 주세요.
- 기대효과: [~ 분야]에서 [~를 추진했을 때 기대되는 대표적인 성과, ~를 적용했을 때 기대되는 대표적인 효과] [숫자]가지를 목록으로 알려 주세요.

예 목록 요청형 프롬프트

- 미래 사회에 가장 유망한 직업 3가지를 목록으로 알려 주세요. 각각의 목록에 대해 설명하고 문장 끝에 출처를 밝혀 주세요. 출처가 되는 참고문헌들을 APA 한국어 형식의 목록으로 정리하고 실제 문헌에 접속할 수 있는 링크를 추가해 주세요.
- 논문과 서적들의 내용에 근거해서, AI 활용 교육의 필요성에 대해서 목록으로 알려 주세요. 각각의 목록 끝에 근거가 되는 참고문헌의 출처를 밝혀 주세요. 출처가 되는 참고문헌들을 APA 한국어 형식으로

정리하고, 실제 문헌에 접속할 수 있는 링크를 추가해 주세요.

- 영유아 교육에서 AI를 적용했을 때 기대되는 대표적인 효과 3가지를 목록으로 알려 주세요. 각각의 목록에 대해 설명하고 문장 끝에 출처를 밝혀 주세요. 그리고 출처가 되는 자료에 접속할 수 있는 링크를 추가해 주세요.

목록 요청형 프롬프트에서는 구체적으로 몇 개의 목록이 필요한지를 숫자로 지정할 수 있다. 그리고 각각의 목록에 대한 세부 설명과 함께, 근거가 되는 참고문헌의 출처를 추가해 달라고 요청할 수 있다. 다만, 생성형 AI가 제시하는 참고문헌이 모두 유효한 것은 아닐 수 있으므로 사실 여부를 정확히 파악하는 것은 사용자의 몫이다. 따라서, 생성형 AI로부터 새로운 아이디어를 얻거나 정돈된 내용을 제공받아 참고하기에는 유용하지만 정확한 정보가 필요한 법률, 의료, 학술 등의 분야에 활용하는 것에는 각별한 주의가 필요하다.

❸ 과정 설명형 프롬프트: 절차를 알아보자

'과정 설명형 프롬프트'는 특정 업무를 수행하기 위한 단계별 절차를 알아보는 프롬프트 형식이다. 생성형 AI에 과정 설명형 프롬프트를 입력하면 각각의 작업을 완료하기 위해 수행해야 하는 상세한 지침들을 순서대로 제공해 준다. 과정 설명형 프롬프트에는 사용자가 해야 하는 작업이 무엇인지, 작업이 진행되는 배경은 어떠한지, 작업을 통해 이루고자하는 목적 등을 맥락적인 정보로 포함시킬 수 있다. 이를 통해 효과적으로 일을 완수하기 위한 단계별 지침들을 더 정확하게 얻을 수 있다.

과정 설명형 프롬프트를 작성하기 위해 활용하면 좋은 문장패턴과 활용 문장 예는 아래와 같다.

▼ 과정 설명형 프롬프트 문장패턴

- 과정: [~ 배경]에서 [~ 목적]을 달성하기 위해 진행되는 [~ 작업]의 추진 과정을 단계별로 알려 주세요.
- 절차: [~ 배경]에서 [~ 목적]을 달성하기 위해 진행되는 [~ 작업]의 추진 절차를 단계별로 안내해 주세요.
- 단계: [~ 배경]에서 [~ 목적]을 달성하기 위해 진행되는 [~ 작업]의 추진에 대한 단계별 가이드를 제공해 주세요.
- 프로세스: [~ 배경]에서 [~ 목적]을 달성하기 위해 진행되는 [~ 작업]의 추진 프로세스를 순서대로 설명해 주세요.

또한 과정 설명형 프롬프트에는 각각의 프로세스가 올바르게 수행되고 있는지 확인하는 방법을 추가적으로 물어볼 수 있다. 사용자가 추진하고 있는 업무가 제대로 진행되고 있는지 확인이 필요한 때가 있으므로, 이런 경우에 과정 설명형 프로세스에 올바른 추진 상황을 점검하는 내용을 추가해서 질문해 보자.

⑩ 과정 설명형 프롬프트

- 기초학력 부진이 심각한 상황에서 학력 격차를 해소하기 위해 진행되는 AI 활용교육 정책의 추진 과정을 단계별로 알려 주세요.
- 디지털 전환 시대에 미래 역량을 함양하기 위해 진행되는 미래 교육

정책의 추진 절차를 단계별로 안내해 주세요.

- 기후환경 변화에 따라 지속가능한 발전을 위해 진행되는 생태전환교육 추진에 대한 단계별 가이드를 제공해 주세요.

- 학교 현장에 AI 디지털 교과서를 도입하는 프로세스를 순서대로 설명해 주세요. 도입 과정이 올바르게 수행되고 있는지 확인하는 방법에 대해서도 알려 주세요.

파워 프롬프트 공식을 따르면 교육 상황에 필요한 프롬프트들을 손쉽게 작성할 수 있다. 또한 각각의 공식에 따라 작성된 프롬프트를 생성형 AI에 연속적으로 입력하거나, 하나의 프롬프트로 조합하여 입력할 수 있다. 파워 프롬프트 공식을 활용하면 생성형 AI에 풍부한 맥락을 제공함으로써 더 정확하고 체계적인 결과물을 얻을 수 있다.

교육 분야 파워 프롬프트 템플릿 13개

프롬프트 템플릿이란 생성형 AI에게 좋은 답변을 얻어내기 위해, 특정한 정보를 입력할 자리를 미리 마련해 놓은 문장들이다. 프롬프트 템플릿에는 사용자가 빈칸을 채우기만 하면 좋은 질문이 완성될 수 있도록 문장의 형식이 지정되어 있다. 교육자들은 분야별 또는 상황별로 제시된 교육 분야 파워 프롬프트 템플릿들을 효과적으로 활용해 볼 수 있다.

콘텐츠 및 기획 점검 템플릿

생성형 AI를 활용하면 새로운 교육 콘텐츠나 기획에 필요한 아이디어와 자료들을 빠르게 얻을 수 있다. 그리고 교육과 관련된 다양한 분야에서 이미 만들어진 콘텐츠나 기획에 대한 내용들을 손쉽게 점검할 수 있다. 생성형 AI를 통해 내용에 대한 피드백을 요청하거나, 근거를 확인하고, 문제가 되는 부분들을 점검할 수 있다. 교육 콘텐츠 및 기획을 점검하는 용도로 다음의 프롬프트 템플릿을 활용해 보자.

예 교육 콘텐츠 및 기획 점검을 위한 템플릿

(1) 아이디어 요청
- 다음은 교육 분야 [콘텐츠/기획] 내용입니다. 이 내용에 추가할 수 있는 새로운 아이디어 [숫자]가지를 제안해 주세요.
- 다음은 교육 분야 [콘텐츠/기획] 내용입니다. 내용을 검토하고, 창의성과 독창성을 더할 수 있는 아이디어를 제공해 주세요.
- 다음은 교육 분야 [콘텐츠/기획] 내용입니다. 내용을 검토하고, [~역할] 입장에서 추가할 수 있는 아이디어를 [숫자]가지를 알려 주세요.

(2) 피드백 요청
- 교육 분야 [콘텐츠/기획]을 검토하고, 개선이 필요한 부분에 대한 의견을 제공해 주세요.
- 교육 분야 [콘텐츠/기획]을 검토하고, 개선 방법에 대한 아이디어를 제공해 주세요.

- 교육 분야 [콘텐츠/기획]을 검토하고, 제가 놓친 부분이나 실수를 찾을 수 있도록 다른 관점을 제공해 주세요.

(3) 사실 확인 및 근거 요청
- 교육 분야 [콘텐츠/기획]을 검토하고, 관련 사실을 확인하고 근거 자료를 추가해 주세요.
- 교육 분야 [콘텐츠/기획]을 검토하고, 각각의 문단 끝에 논문과 서적들의 내용에 근거해서 내용을 뒷받침할 수 있는 출처를 밝혀 주세요. 출처가 되는 참고문헌들을 APA 한국어 형식의 목록으로 정리하고 실제 문헌에 접속할 수 있는 링크를 추가해 주세요.
- 교육 분야 [콘텐츠/기획]을 검토하고, 내용의 근거 및 출처가 될 수 있는 참고 문헌들을 APA 한국어 형식의 목록으로 정리해 주세요.

(4) 문제 점검 요청
- 교육 분야 [콘텐츠/기획]을 검토하고, 맞춤법 오류를 수정해 주세요.
- 교육 분야 [콘텐츠/기획]을 검토하고, 흥미롭고 알기 쉬운 표현으로 바꿔 주세요.
- 교육 분야 [콘텐츠/기획]을 검토하고, 잠재적인 편견이나 오류를 찾아내고, 이를 해결할 방법을 제안해 주세요.

자기계발 템플릿

교육자들에게는 끊임없는 자기계발이 요구된다. 때로는 지치고 힘들 수 있는 이 과정에서 생성형 AI는 교육자들에게 든든한 지원군이 될 수 있다. 생성형 AI는 교육자들의 자기 계발에 마중물이 되어 교육자들의 성장을 도모하는 데 힘을 더해 줄 것이다. 교육자들의 건강한 삶 그리고 목표 달성의 여정에 도움이 되는 프롬프트 템플릿들은 다음과 같다.

⑩ 교육자들의 자기 계발을 위한 템플릿

(5) 신체 건강

- 역할 설정: 당신은 건강한 신체를 위한 의료 및 운동 분야의 전문가입니다. 제가 건강한 생활 습관을 마련하고 유지할 수 있도록 돕는 것이 당신의 역할입니다.
- 목록 요청: 저의 나이는 [숫자]세이고, 성별은 [남자/여자]이고, 직업은 [직업명]입니다. 신체 건강을 위한 방법을 [숫자]가지 목록으로 알려 주세요.
- 과정 설명: 건강한 신체를 위한 생활 습관이 정착되기 위해서 그 과정들을 설명해 주세요.

(6) 정신 건강

- 역할 설정: 당신은 건강한 정신을 위한 상담 및 명상 분야의 전문가입니다. 제가 스스로의 감정을 이해하고 관리하여 스트레스와 불안을 줄일 수 있도록 돕는 것이 당신의 역할입니다.
- 목록 요청: 저의 나이는 [숫자]세이고, 성별은 [남/여]이고, 직업은 [직업명]입니다. 제가 최근에 정신적으로 어려움을 겪은 사건은 [내용]입니다. 정신 건강을 위한 방법을 [숫자]가지 목록으로 알려 주세요.
- 과정 설명: 건강한 정신을 위한 생활 습관이 정착되기 위해서 그 과정들을 설명해 주세요.

(7) 동기 부여

- 역할 설정: 당신은 자기 동기 부여에 대한 전문가입니다. 제가 교육자로서의 소명을 다하는 과정에서 겪는 어려움을 극복하고 슬럼프에 빠지지 않도록 돕는 것이 당신의 역할입니다.
- 목록 요청: 저의 나이는 [숫자]세이고, 성별은 [남/여]이고, 맡은 직무는 [직무명]입니다. 교육자로서 동기를 부여받기 위한 방법을 [숫자]가지 목록으로 알려 주세요.
- 과정 설명: 교육자로서 부여받은 동기를 일상생활에서 실천하기 위해 그 과정들을 설명해 주세요.

(8) 교육 전문성

- 역할 설정: 당신은 교육 분야의 전문성을 향상하는 것에 대한 전문가입니다. 제가 교육자로서 소명을 파악하고 추구할 수 있도록, 교육자

의 생애 주기를 고려하여 경력을 개발하고 전문성을 향상할 수 있도록
돕는 것이 당신의 역할입니다.

- 목록 요청: 저의 나이는 [숫자]세이고, 성별은 [남/여]이고, 교육자로
서의 경력은 [숫자]년이고, 관심 분야는 [분야명]입니다. 교육자로서
전문성을 향상하기 위한 방법을 [숫자]가지 목록으로 알려 주세요.

- 과정 설명: 교육자로서 전문성을 향상하기 위한 방법을 일상생활에서
실천하기 위해 그 과정들을 설명해 주세요.

(9) 리더십 및 의사소통 역량

- 역할 설정: 당신은 리더십 및 의사소통 분야의 전문가입니다. 제가 교
육자로서 원활하게 의사소통하고 리더로 일하는 과정에서 겪은 어려
움을 극복하도록 돕는 것이 당신의 역할입니다.

- 목록 요청: 저의 나이는 [숫자]세이고, 성별은 [남/여]이고, 교육자로
서의 경력은 [숫자]년이고, 맡은 직무는 [직무명]입니다. 제가 최근에
리더십 및 의사소통과 관련하여 어려움을 겪은 사건은 [내용]입니다.
리더십과 의사소통 역량을 함양하기 방법을 [숫자]가지 목록으로 알려
주세요.

- 과정 설명: 교육자로서 리더십과 의사소통 역량을 함양하기 위한 방법
을 일상 생활에서 실천하기 위해 그 과정들을 설명해 주세요.

프롬프트를 개선하는 컴백 템플릿

생성형 AI와 대화를 하다 보면 제공된 답변에 대하여 수정을 요청해야
할 때가 있다. 이럴 때는 꼬리에 꼬리를 무는 프롬프트를 추가로 입력해

서, 생성형 AI의 응답을 개선할 수 있다. 프롬프트 엔지니어링에서는 이런 과정을 '컴백(Comeback)'이라고 부른다. 사용자는 컴백 과정에서 생성형 AI에게 기존의 답변에 비해 더 분명하거나 확장된 결과를 요청한다. 그리고 이를 통해 생성형 AI를 활용하는 목적에 맞게 더욱 향상된 결과를 얻을 수 있다.

교육 분야에 활용할 수 있는 컴백 프롬프트 예시로는 다음을 참조할 수 있다.

㉑ 프롬프트를 개선하는 컴백 템플릿

(10) 상세화
- 더 구체적으로 답해 주세요.
- 답변한 내용에 대하여 더 상세한 설명을 들을 수 있을까요?
- 더 깊이 있고 풍부한 내용을 알려 주세요.
- 각각의 단계별로 설명을 제공해 주세요.
- 다른 방식으로 설명을 추가해 주세요.
- 답변에 대한 예시를 추가로 제공해 주세요.

(11) 명료화
- 더 명확하게 답변해 주세요.
- 답변한 내용에 대하여 더 명확하게 설명해 주세요.
- 답변한 내용에 대하여 더 명확한 정보를 제공해 주세요.
- 그림이나 표 등 시각 자료를 활용해서 설명해 주세요.

(12) 단순화

- 답변을 요약해 주세요.

- 한 문장으로 설명해 주세요.

- 더 이해하기 쉽게 내용을 제시해 주세요.

- 더 쉬운 용어로 설명해 주세요.

- 더 일상적인 용어로 알려 주세요.

- 더 간단한 절차를 안내해 주세요.

- 더 간결하게 응답해 주세요.

- 정확성을 유지하면서 더 간단하게 설명해 주세요.

(13) 스타일 변경

- 더 친절하게 알려 주세요.

- 더 공식적인 응답으로 답변해 주세요.

- 더 전문적인 내용으로 설명해 주세요.

- 답변한 내용을 대화 형식으로 작성해 주세요.

- 답변한 내용을 더 설득력있게 작성해 주세요.

- [역사 속 인물]이 말한 것처럼 [~ 시대] 사극 말투로 응답해 주세요.

Part

3

생성형 AI,
교육 분야 핵심이슈
한 번에 모아보기

활용 주체의 문제

연령가 문제

오픈AI의 챗GPT 교육 가이드라인

챗GPT의 사용은 아이들에게 안전할까? 그리고 완전히 검증되지 않은 상황 속에서 우리는 챗GPT를 교육에 활용할 수 있을까? 이에 대하여 챗GPT의 제작사 오픈AI는 공식 블로그에 〈인공지능 안전에 대한 우리의 접근〉이라는 글을 통해 입장을 말했다*.

오픈AI는 "우리의 인공지능 기반 도구를 사용하려면 18살 이상이어야 하고, 13~18살이라면 보호자의 승인이 있어야 한다."라고 밝히면서, 실제로는 이 원칙이 지켜지지 않는 경우가 많을 것임을 고려하여 "연령 인증으로 사용을 제한하는 방법을 검토 중"이라고 덧붙였다.

● OpenAI. (n.d.). Our approach to AI safety. https://openai.com/blog/our-approach-to-ai-safety

앞서 오픈AI에서 최초에 제시했던 정책은 13세 미만이 아예 사용하지 못하도록 하는 것이었는데 그 원칙을 2023년 8월 31일에 이와 같이 수정한 것이다[*]. 그러면서 "챗GPT는 적절하지 않은 콘텐츠 생성을 제한하기 위해 노력하고 있지만, 여전히 부적절한 출력이 생성될 가능성이 있다."라고 하면서, 이 가능성을 최소화하기 위해 "교실에서 학생들과 사용하는 데는 주의가 필요하고, 13세 미만 어린이를 위한 교육 환경에서 챗GPT를 사용하는 경우라면 실제 상호작용은 성인이 수행해야 한다."라고 했다.

따라서 교육 현장에서 챗GPT를 사용하려는 경우라면, 우선 연령 제한을 준수하고 만약 13세 미만 학생들과 함께 있는 상황이라면 챗GPT가 교사의 시연을 중심으로 활용되도록 활동에 주의를 기울여야 할 것이다.

또한 오픈AI는 비영리 교육 단체인 칸아카데미와 협력하여 학생들을 위한 안전한 인공지능을 제공하는 데 노력하고 있다는 점도 밝혔다. 오픈AI는 교육과 같이 안전성이 보장되어야 하는 영역에서 더 엄격한 기준을 적용할 수 있도록 관련 기술을 개발하고 있다고도 했다[**].

그리고 챗GPT를 교육에 활용하기 위한 가이드라인으로 학생들보다는 교사의 활용 방안에 초점을 맞춰 몇 가지 방향을 제시했는데 예를 들어 챗GPT가 좋은 교육 콘텐츠를 연구하는 데 활용될 수 있음을 소개했다. 오픈AI는 미국의 교육 전문가들에게 꾸준한 피드백을 받고 있는데 피드백 참여 교육자들의 정보도 공식 홈페이지를 통해 공개하고 있다[***].

[*] OpenAI. (n.d.). Is ChatGPT safe for all ages?. OpenAI Help Center. https://help.openai.com/en/articles/8313401-is-chatgpt-safe-for-all-ages

[**] OpenAI. (n.d.). Khan Academy. https://openai.com/customer-stories/khan-academy

구글의 바드 교육 가이드라인

구글은 공식 블로그를 통해 "바드 이용가능 연령은 18세 이상으로 제한해 두었습니다."라고 밝혔었다[****]. 하지만 이후 이를 수정하여, 영국과 스위스 포함 유럽 국가에서만 이 조건을 유지하고 그 외 국가에서는 최소 연령 조건을 만 13세 이상으로 두었다. 또한 바드 고객센터 문서를 통해 바드를 사용하는 데 필요한 조건을 다음과 같이 제시했다[*****].

· **필요 조건**

본인이 직접 관리하는 개인 Google 계정
관리자가 Bard에 대한 액세스를 허용한 Google Workspace 계정

· **액세스 불가 조건**

Family Link에서 관리하는 Google 계정
만 18세 미만용으로 지정된 Google Workspace for Education 계정

교육용 챗GPT

대부분의 텍스트 생성형 AI는 미성년자의 사용을 제한하고 있다. 대표적으로 챗GPT 웹서비스에는 연령 제한이 있다. 그런데 챗GPT API를

[***] OpenAI. (n.d.). OpenAI platform. OpenAI Platform. https://platform.openai.com/docs/chatgpt-education

[****] Google. (2023a, April 4). 바드에 대하여: 시작 단계의 생성형 AI 실험. Google 한국 블로그. https://korea.googleblog.com/2023/04/about-bard.html

[*****] Google. (n.d.). Use Bard - Computer - Bard help. Google. https://support.google.com/bard/answer/13275745

가져다 쓰는 다른 서비스들의 연령가는 각각의 서비스 회사들이 정하기 나름이다.

한국의 많은 교육자들이 활용하고 있는 '뤼튼'은 전체연령가이지만, 13세 미만 이용 시 보호자 및 교사의 지도를 권고하고 있다[•]. 그리고 최초 회원가입 시 사용자가 "저는 만 14세 이상입니다."라는 문구에 체크를 하도록 되어 있다. 뤼튼이 전체연령가인 이유는 개발자용 API 활용에 연령 제한이 없기 때문이다. 하지만 미성년자들이 제한 없이 텍스트 생성형 AI를 사용하기에는 아직까지 부정확한 정보로 인한 혼란 그리고 오개념이 학습될 위험이 있다. 그래서 정보의 정확성을 판단하는 디지털 리터러시 교육이 더욱 중요해진다.

이에 따라 교육적 목적으로 활용할 수 있도록 하기 위해 학생들의 안정성을 고려해 모델을 튜닝하여 서비스 중인 전체 연령가의 챗GPT 서비스들도 있다.

- Furwee: https://www.furwee.ai
- KidsChatGPT: https://kidschatgpt.com

다만 이런 서비스들은 답변 역시 제한적으로 제공되고 성능 또한 현재까지는 아쉬운 점이 많다. 또한 대부분이 유료 구독형 서비스라는 점에서도 진입 장벽이 높다.

● 뤼튼테크놀로지, (2023), 뤼튼 서비스 이용에 연령 제한이 있나요?, https://wrtn.imweb.me/faq/?q=YToxOntzOjEyOiJrZXl3b3JkX3R5cGUiO3M6MzoiYWxsIjt9&bmode=view&idx=15121161

이런 상황에서 칸아카데미는 챗GPT의 제작사 오픈AI와 협력하여 칸미고(Khanmigo)라는 이름의 생성형 AI 기반 학습 가이드를 실험 중이다. 칸아카데미는 교육용 AI 개발에 매우 신중한 행보를 보이고 있으며 다음과 같은 기술적 접근을 통해 위험을 완화하고 있다고 밝혔다**.

> · 정확도를 높이기 위한 AI 파인 튜닝(Fine-tuning)
>
> · 학습 환경에 맞게 AI를 훈련하고 맞춤화 하기 위한 엔지니어링
>
> · 부적절한 콘텐츠에 대해 선제적으로 대응할 수 있는 모니터링 및 제어
>
> · 잠재적인 취약점을 발견하기 위해 의도적으로 AI의 결함을 발견하기 위한 레드팀 구성

또한 칸아카데미는 생성형 AI의 특성상 수학과 같은 영역에 오류가 있거나 부적절한 콘텐츠가 포함될 가능성이 있음을 전달하고 있으며 학습 도구를 실험하는 공간인 칸랩스(Khan Labs)를 통해 교육용 AI의 위험성을 충분히 테스트한 뒤 이를 확대하는 방식을 취하고 있다. 칸랩스에 등록하려면 최소 18세 이상의 성인이어야 하고 등록을 하면 칸아카데미 계정과 연결된 자녀에게 실험 단계의 AI 제품에 대한 접근 권한을 부여할 수 있도록 해 두었다.

●● Khan Academy. (2023). Khan Academy's approach to the responsible development of AI. Khan Academy. https://blog.khanacademy.org/aiguidelines

칸아카데미는 위험성에 대한 적절한 이해와 신중한 접근이 거대언어 모델이 학생들의 공동 작업자이자 사고를 돕는 파트너로서 상호작용하여 온라인 학습 경험에서 열쇠로 쓰일 수 있게 한다고 밝혔다[●]. 학생들의 학습 성과는 적극적인 참여, 즉각적인 피드백, 학습이 촉진되는 개인별 영역에서의 작업, 배움의 가치에 대한 인지가 있을 때 높아진다. 따라서 챗GPT와 같은 AI 모델은 다음과 같은 방법으로 학습을 촉진할 수 있다.

- 채점 기준표를 기반으로 학생의 글쓰기 초안에 피드백을 제공함.
- 학습 과제를 해결하기 위한 배경 지식과 절차에 대해 알아볼 수 있도록 권장함.
- '왜', '만약에', '어떻게'와 같은 심층적인 학습 질문을 통해 개별 학생과 소통함.
- 학생이 학습하는 내용을 자신의 목표, 삶, 관심 있는 분야와 연결하도록 지원함.

그리고 칸아카데미는 이선 몰릭(Ethan Mollick) 교수의 사례를 통해[●●] 학생들에게 AI를 활용하게 할 때는 AI 도구 그리고 프롬프트 엔지니어링에 대한 기본적인 교육이 중요하다는 점을 소개했다. AI와 함께한 글쓰기 수업에서 가장 인상적인 결과물이 나온 케이스는 섬세한 프롬프트

● Khan Academy. (2023). AI for education. Khan Academy. https://en.khanacademy.org/college-careersmore/ai-for-education
●● Ethan Mollick. (2023). One Useful Thing. https://www.oneusefulthing.org

조정을 통해 AI와 사람이 글을 계속해서 공동 편집하며 고쳐 나간 경우였다고 소개하면서 학생들은 AI의 정확성과 편향 문제를 이해하면 인공지능의 한계에 주의를 기울인다는 점을 강조했다. 또한 프롬프트 가이드가 공유된 후에는 훨씬 나은 학습 결과가 도출되었음을 언급했다.

앞으로의 과제는 생성형 AI가 실제 학생들의 배움의 장에서 어떻게 작동하는지에 대한 이해의 깊이를 더하는 것과, 생성형 AI가 학습에 대한 참여도와 결과를 향상할 수 있다는 확실한 증거를 갖추는 일이라 할 수 있다. 또한 AI와 함께 가르치고 배우는 방법에 대한 실질적인 사례들이 쌓여서 이를 통합하고 연결하는 연구가 많이 진행되어야 할 것이다.

칸아카데미의 제한적이면서도 신중한 접근은 교육자들에게 여러 모로 시사점을 준다. 학생들의 학습을 실제로 돕고 정확도가 높으면서도 안정성이 보장된 교육용 챗GPT 서비스들이 민간 영역뿐만 아니라 공공 영역에서도 더 많이 제공되기를 기대해 본다. 그리고 이를 위해서는 교육 현장의 개입과 노력 또한 필요하다. 교육 분야의 생성형 AI가 만들어지기 위해서는 교육 데이터가 생성형 AI에 학습 및 미세조정(파인 튜닝)되는 과정에서 그 결과물이 되도록 편향되지 않고 윤리적인 방향으로 생성될 수 있도록 인간(교육자)의 적극적인 개입이 필요하다. 그리고 이를 통해 교육용 생성형 AI가 학생의 창의성을 보조하는 역할로 활용될 수 있도록 교수·학습 과정 설계 및 실행에서도 각별한 주의가 필요할 것이다●●●.

●●● 박지영. (2023). 생성형 AI 기술과 AI기반 맞춤형 교육. 한국교육학술정보원. KERIS 디지털교육 동향. 심층호 12호(AI기반 맞춤형 교육을 위한 변화). https://www.keris.or.kr/main/ad/pblcte/selectPblcteOVSEAInfo.do?pblcteSeq=13712

대필과 표절

: 챗GPT로 과제하는 아이들

대필과 표절로 골치 아픈 대학가

스탠포드대는 지난 2023년 1월 9일부터 15일까지 4,497명의 학생들에게 챗GPT 활용 경험에 대한 설문 조사를 실시했다[*]. 설문 조사에 따르면, 약 17%의 학생들이 작년 가을 학기 과제나 시험에서 챗GPT를 사용했다고 답했다. 심지어 이들 중 5%의 학생들은 챗GPT가 제시한 자료를 거의 그대로 제출했다고 답했다.

미국의 언어학자 노암 촘스키(Noam Chomsky)는 학생들이 챗GPT를 통해 과제를 제출하는 문제에 다루며 이를 '첨단 기술 표절(High-Tech plagiarism)'이라고 표현했다[**]. 챗GPT로 과제물을 대충 생성해서 제출하는 일종의 표절과 부정행위를 하는 상황이 개탄스럽다고 하면서 예전에는 표절을 감지하는 프로그램들의 도움이라도 받을 수 있었는데 생성형 AI가 만들어 낸 결과물은 적발하기 힘들어서 교수들이 많이 곤란해졌다는 말도 덧붙였다.

세계적인 학술지들은 생성형 AI가 연구를 보조하는 도구로서의 가치는 인정하지만 논문의 저자로서 인정하기는 어렵다는 입장이다. 국제 학

● Cu, M. A., & Hochman, S. (2023, January 24). Scores of Stanford students used CHATGPT on final exams. The Stanford Daily. https://stanforddaily.com/2023/01/22/scores-of-stanford-students-used-chatgpt-on-final-exams-survey-suggests
●● Marshall, C. (2023, February 10). Noam Chomsky on ChatGPT: It's "Basically High-Tech Plagiarism" and "a Way of Avoiding Learning." Open Culture. https://www.openculture.com/2023/02/noam-chomsky-on-chatgpt.html

술지 네이처를 발간하는 《스프링거 네이처(Springer Nature)》는 2023년 1월 "네이처는 대규모 언어 모델을 연구 논문의 저자로 인정하지 않을 것"이며 "만약 연구에 대형 언어 모델을 사용했다면 저자는 이를 반드시 표기해야 한다."라고 밝혔다[•••]. 저명한 학술지들을 출간하는 엘스비어(Elsevier) 그룹의 부사장 앤드류 데이비스(Andrew Davis)도 "연구 논문의 가독성과 언어를 개선하기 위해 AI 도구를 사용할 수 있지만 데이터 해석이나 과학적 결론 도출과 같이 저자가 수행해야 하는 주요 작업을 대체해서는 안 된다."라고 밝혔다[••••].

챗GPT 판별기의 등장

미국 뉴욕과 시애틀의 공립 중고등학교에서는, 학생들이 챗GPT를 활용하여 과제를 제출하는 것을 막기 위해 교내 네트워크 환경에서 챗GPT 사이트 접속을 차단하기도 했다. 그리고 챗GPT로 표절검사를 하는 GPTZero와 같은 서비스들도 등장했지만, 현재까지 어떤 소프트웨어도 AI가 생성한 자료를 100% 확실하게 감지하지 못한다. 그리고 챗GPT가 생성해 준 결과물을 사람이 일부 수정해 버리면 전체적인 사용 여부를 알아내기가 쉽지 않다.

챗GPT로 과제를 만들어서 제출하는 부정행위는 지금도 끊이지 않고

••• Nature Publishing Group. (2023, January 24). Tools such as CHATGPT threaten transparent science; here are our ground rules for their use. Nature News. https://www.nature.com/articles/d41586-023-00191-1
•••• Guardian News and Media. (2023, January 26). Science journals ban listing of CHATGPT as co-author on papers. The Guardian. https://www.theguardian.com/science/2023/jan/26/science-journals-ban-listing-of-chatgpt-as-co-author-on-papers

있다. 이는 마치 창과 방패의 싸움처럼 앞으로도 계속될 것이다. 그리고 이러한 일들이 계속될수록 디지털 플랫폼으로 과제를 제출받아 검수해야 할 필요성이 높아지기 때문에 교수·학습과 평가 전반이 디지털 플랫폼 기반으로 옮겨지는 현상이 가속화될 것으로 보인다.

그렇다면 AI로 대필을 한 것인지 확인하는 방법은 무엇일까? 모든 것을 완벽하게 적발하기란 어렵겠지만 그래도 AI가 작성한 문서인지 확인하는 곳들을 알아 두면 도움이 될 것이다. 대표적으로 다음의 서비스들을 활용해 볼 수 있다.

- GPTZero: https://gptzero.me
- Content at Scale AI Content Detection: https://contentatscale.ai/ai-content-detector
- OpenAI Text Classifier: https://platform.openai.com/ai-text-classifier
- WRITER AI Content Detector: https://writer.com/ai-content-detector
- ZeroGPT: https://www.zerogpt.com
- AI CheatCheck: https://www.aicheatcheck.com
- Originality.AI: https://www.originality.ai

다만 이러한 서비스들이 아직까지는 정확도가 높지 않고 AI가 작성해 준 문장을 사람이 조금이라도 고쳐 써 버리면 대필했다고 보지 않기도 한다. GPTZero는 글 속의 특정 문장, 단어, 문맥의 빈도에 대한 수

치 등을 자동으로 계산하여 이를 챗GPT의 언어 데이터와 비교하여 대필 여부를 판단한다. 챗GPT 제작사인 오픈AI가 제공하는 AI Classifier는 영문으로 구성된 '챌린지 세트' 데이터를 통해 정확도를 평가받도록 하며 글에 대한 AI의 작성 여부를 5가지(Very unlikely, Unlikely, Unclear, Possible, Likely) 판결 기준으로 분류한다. 이렇듯 AI가 생성했을 가능성에 대하여 추정해 줄 뿐이지 AI가 글쓰기에 개입했는지를 절대적으로 알아 낼 수 있는 방법은 없다. 또한 1,000개 이상 단어로 구성된 콘텐츠에 적용이 가능하고, 컴퓨터 코드는 AI가 작성했는지 여부를 변별하기 어렵다는 한계가 있다.

AI Classifier는 영문으로 구성된 '챌린지 세트' 데이터를 통해 정확도를 평가받았다. AI Classifier에서는 일반적으로 입력된 텍스트의 길이가 길수록 신뢰도가 향상된다. 그런데 정확도 평가에서 AI Classifier는 매우 부정확한 성능을 보였는데 AI로 작성된 글 중 26%만 'AI가 쓴 것'으로 인식했다. 그리고 사람이 작성한 글 중에서 9%를 'AI가 쓴 것'으로 틀리게 감지했다. 이런 문제들로 인해, 2023년 7월 20일 오픈AI는 AI 글 감지 도구의 운영을 잠시 중단하였다. 오픈AI는 "AI가 작성한 텍스트를 더 효과적으로 감지하고 글의 출처까지 추적 가능한 기술을 연구 중이며 향후 오디오나 이미지 콘텐츠도 감지할 수 있는 기능까지 추가하여 재배포하겠다."라고 공식 블로그를 통해 밝혔다●.

● OpenAI. (2023, July 20). New Ai classifier for indicating AI-written text. New AI classifier for indicating AI-written text. https://openai.com/blog/new-ai-classifier-for-indicating-ai-written-text

AI 판별기와 관련된 이슈의 핵심은 '그럭저럭 잘 감지한다'가 아니라 '잘못 판별할 때도 있다'이다. AI 판별기만 믿다가 자칫하여 누명을 씌우게 되는 일이 벌어질 수 있다. 누군가 죄 없이 심각한 불이익을 당하게 된다면 누가 책임질 수 있을까?

이에 대하여 뚜렷한 대안은 없다. 다만 오픈AI는 AI가 작성한 텍스트를 확실하게 탐지하는 것은 불가능하지만 우수한 판별기는 평가 및 콘텐츠의 신뢰성 그리고 학문적 윤리성을 높이는 데 도움이 될 수 있다고 말한다. 우수한 판별기는 마케팅 영역에 있어서 자동적으로 생성된 캠페인이 허위 정보를 담고 있는지 밝혀낼 수 있고 학문적 부정행위를 예방하는 데 도움이 된다. 그리고 AI 챗봇을 사람으로 위장하는 등 AI가 생성한 텍스트를 마치 사람이 작성한 것처럼 속여서 일어날 수 있는 여러 허위 사실에 대응하는 데 도움이 될 것이다.

기존의 표절 검사 서비스로 유명한 턴잇인(Turnitin)과 카피킬러 역시 제출한 과제물이나 논문에 챗GPT가 작성한 문장이 있는지 찾을 수 있는 기능을 출시하였다. 턴잇인은 기존의 유사성 보고서에 AI 쓰기 감지 지표를 추가했다. AI가 생성했을 수 있는 부분이 문서 전체에서 어느 정도 비율을 차지하는지 보여 주고, AI가 작성했다고 여겨지는 부분을 강조해서 표시해 준다*. 카피킬러 역시 제출한 과제물 및 논문에 챗GPT가 작성한 문장이 있는지 찾을 수 있도록 GPT킬러 기능을 추가하여 서

● Turnitin. (n.d.). Ai Writing Detection Frequently asked questions. Turnitin. https://www.turnitin.com/products/features/ai-writing-detection

비스한다고 밝혔다[**].

글로벌 솔루션인 턴잇인에 비하여 카피킬러는 국산 솔루션이기 때문에 한국어 자연어 처리에 대한 노하우 그리고 한국어 데이터셋에 집중적으로 학습되어 있어 한국어 논문 탐지에 강점이 있다. 또한 카피킬러 사용 라이선스를 대학과 교육청을 비롯한 많은 교육기관에서 교육자들에게 제공하고 있기 때문에, AI 표절 검사에 카피킬러 활용이 좀 더 수월하기도 하다.

자체 규범 수립의 노력

생성형 AI로 인한 대필과 대작 문제가 우려됨에 따라 대학을 비롯한 여러 교육기관들이 생성형 AI 활용에 대한 자체적인 윤리 규범을 수립하고 있다.

펜실베니아대는 수업에서 미리 챗GPT 사용이 가능한지 여부와 허용 가능한 방식을 명시하도록 했다. 그리고 학생들에게 과제 수행 과정에서 어떻게 하면 올바르게 챗GPT를 활용할 수 있을지에 대해 고민하는 수업을 열기도 했다. 학생들에게 과제의 목적에 대해 설명하고 그것에 대해 스스로 고민하는 과정이 가지는 가치에 대해 설명하는 수업을 구상하고 진행했다. 그리고 챗GPT를 통해 얻은 결과물을 학생들과 공유하고 그에 대하여 함께 논의하였고 챗GPT로 생성한 결과물을 탐지하는 프

●● Digital Chosun. (2023, June 23). [인터뷰] "챗GPT로 쓴 글, AI는 이렇게 탐지한다." 디지틀조선일보. https://digitalchosun.dizzo.com/site/data/html_dir/2023/06/21/2023062180089.html

로그램들의 한계도 파악해 보았다고 한다[*]. 이외에도 워싱턴대, 예일대, 프린스턴대 등에서 학교 수업에 챗GPT를 활용하는 방침을 만들어 적용하고 있다.

국내에서도 국민대가 국내 대학 최초로 인공지능 활용 윤리강령을 선포했다. 지난 2023년 3월 2일, 국민대는 입학식에 맞춰 대학 구성원이 된 새내기와 기존의 재학생들을 대상으로 인공지능 교수·학습 활용과 관련하여 10개 항목의 윤리강령을 배포했다[**]. 세부 내용은 다음과 같다.

인공지능의 기본 원리 및 최신 동향을 잘 파악합니다.

인공지능을 맹목적으로 신뢰하거나 무조건 거부하지 않습니다.

인공지능을 활용할 때 정보를 선별하고 진실을 확인하는 것은 나의 책임입니다.

인공지능이 창의적 인재 육성이라는 대학의 고유 목적을 훼손하지 않도록 노력합니다.

인공지능을 새로운 학습도구로 도입하는 것을 적극적으로 탐색합니다.

인공지능을 활용하는 혁신적인 학습 방식을 찾도록 노력합니다.

인공지능의 사용 여부는 교수와 학생이 상호 합의합니다.

인공지능의 결과물을 비판 없이 그대로 활용하지 않습니다.

인공지능 활용 여부를 과제 제출 시 명확히 밝힙니다.

인공지능 활용에 있어서 창의적 질문과 논리적 비평만이 나의 지성입니다.

– 국민대학교, 2023, 〈국민 인공지능 윤리강령〉

부산대 역시 〈부산대 교수·학습 AI 활용 가이드라인〉을 통해 'AI 활용 원칙' 및 'AI 활용에 대한 다짐'을 제시했다. 부산대는 "생성형 AI 활용 자체가 잘못된 일이 아니므로, 올바르게 사용할 수 있는 방법을 가이드라인 차원에서 제시한 것이다."라고 밝혔다[•••]. 성균관대는 AI와 인간의 상호작용을 통해 혁신적인 교육 및 연구 경험이 축적될 수 있도록 연구 위원회와 대응팀을 구성하여 '챗GPT 종합안내 홈페이지(https://chatgpt.skku.edu)'를 공개했다. AI의 교육적 활용 및 모델, AI로 인한 부정행위 및 표절 예방, AI 활용 윤리와 디지털 리터러시 교육 자료, 적절한 평가 방식 안내 등 챗GPT의 교육활용을 위한 다양한 자료들을 담고 있다. 이처럼 대학가에서는 생성형 AI의 등장에 따라 빠르게 변하는 교육 환경에 대비하기 위해 다양한 노력을 기울이고 있다.

생성형 AI가 등장하기 전에도 기술의 발전은 교육에 끊임없이 영향을 미쳤다. 플라톤은 〈파이드로스(Phaidros)〉에서 문자의 발명과 양피지의 확산에 대해 걱정했다. 플라톤은 대화를 기록하는 것이 일반화되면 사람들의 기억력이 후퇴하고 직접 대화하는 과정을 통해 알 수 있는 상대방의 감정을 알 수 없게 된다고 비판한 바 있다. 미국의 작곡가 존 필립 수자는 축음기의 발명을 걱정했었다. 청년들이 녹음된 음악만 듣게 되면

● Ortiz, S. (2023a, February 22). This professor asked his students to use ChatGPT. The results were surprising. ZDNET. https://www.zdnet.com/article/this-professor-asked-his-students-to-use-chatgpt-the-results-were-surprising
●● 국민대학교, (n.d.). 국민 인공지능 윤리강령. 국민대학교. https://www.kookmin.ac.kr/comm/menu/user/89bdc36e40697dd8ad9e6cb0d423bc9c/content/index.do
●●● 부산대학교 홍보실 (2023). 부산대, AI 올바른 활용 위한 가이드라인. 부산대학교. https://www.pusan.ac.kr/kor/CMS/Board/Board.do?mCode=MN109&mode=view&mgr_seq=12&board_seq=1489116

노래하고 말할 수 있는 인간의 혀가 후퇴할 것이라고 주장했다. 이후 인터넷 검색과 영상 미디어 시대가 도래하자 아이들이 온라인 콘텐츠에 빠져서 더 이상 책을 읽지 않기 때문에 기억력과 사고력이 감퇴할 것이라는 우려도 끊임없이 제기되어 왔다. 하지만 교육 전문가들의 부단한 노력으로 교육 내용과 방법에 첨단 기술들이 효과적으로 도입되고 혁신이 이어져 왔다.

많은 교육자들은 챗GPT의 단기적 악영향을 걱정한다. 이런 변화가 멈출 수 없는 흐름인 것도 이미 알고 있다. 따라서 챗GPT와 같은 생성형 AI를 새로운 학습 도구로 활용하는 방안을 적극적으로 모색하고 이와 관련된 윤리적인 태도를 확립할 수 있도록 관련 교육을 강화하는 것이 필요한 시점이다.

기술적 문제

: 정확도와 신뢰도

데이터 의존성의 한계

챗GPT와 같은 생성형 AI는 어느 연도까지의 데이터를 학습했는지에 따라 해당 연도까지의 자료들을 기반으로 답을 생성해 준다. 따라서 학습 데이터의 최종 연도 이후의 사건이나 사실에 대해서는 정확한 답변이 생성되기 어렵다. 따라서, 최근에 일어난 최신 정보에 대해서는 정확한 사실 여부를 파악해야 한다. 그렇기 때문에 챗GPT와 함께 검색 엔진 등 다른 도구들을 함께 사용하는 것이 바람직하다.

물론 생성형 AI의 이런 데이터 의존성 문제는 차차 개선될 것으로 보인다. 최근 생성형 AI 기반 서비스들이 실시간 검색 결과를 더불어 제시하는 방법으로 정확성 문제를 보완하고 있다. 마이크로소프트는 자사의 검색엔진 Bing에 챗GPT를 적용하면서, 답변 하단에 검색 기반의 출처를 표기해서 신뢰도를 높이고 있다. 하지만 사실 여부를 정확히 파악하기 위해서는 출처로 표기된 링크를 따라 들어가서 일일이 본문을 확인해야 하는 번거로움이 있고, 근거로 제시된 출처들 역시 검색 엔진을 통해 찾을 수 있는 매우 제한적 소스로부터의 출처라는 점에서 한계가 있다.

근본적으로 생성형 AI는 학습된 정보 그리고 이를 통해 만들어 낸 정보에 대하여 정확성을 검증하지 않고, 데이터를 수집한 출처에 대한 대략적인 평판에만 신뢰성을 의존하고 있다. 따라서 얼마든지 가짜 정보가 숨어 있거나 오류가 생성될 가능성이 있다. 따라서 많은 생성형 AI 관련 개발사들이 팩트체크 알고리즘 개발에 심혈을 기울이고 있다. 이렇듯 최신의 생성형 AI들은 검색 엔진과의 결합 그리고 팩트체크 알고리즘 등을 통해서 사실성(Factuality) 개선을 위해 많은 노력을 기울이고 있지만, 여전히 사용자들이 이에 대하여 주의를 기울일 필요가 분명하다.

통찰력이 삭제된 요약

또한 챗GPT와 같은 인공지능이 해 주는 요약은 그저 대략적인 정보만 제공할 뿐이다. 실제로 인공지능이 제공한 요약들을 살펴보면 내가 얻을 수 있는 통찰력, 즉 지혜에 해당하는 내용이 거의 들어 있지 않다. 그래서 인공지능의 요약은 그 자료를 더 자세히 살펴봐야 할지 말지를 정할 때 대충 걸러 주는 역할, 마치 논문 맨 앞에 초록(Abstract) 정도의 역할을 한다고 볼 수 있다. 해당 자료에서 얻을 수 있는 게 있는지 없는지를 점검하는 정도의 수준으로 챗GPT의 요약을 받아들일 수 있겠다.

자기 복제로 인한 모델 붕괴

생성형 AI 콘텐츠가 확산되면서 자기 복제로 인한 모델 붕괴 문제가 우려되고 있다. 이는 '재귀(Recursion)의 저주'라고 칭해지고 있다. 영국의 AI 전문가로 구성된 합동 연구팀은 〈재귀의 저주: 생성된 데이터 기반 훈련으로 인한 모델 기억상실(The Curse of Recursion: Training on Generated Data Makes Models Forget)〉이라는 제목의 논문을 통해 생성형 AI가 세대를 거듭할수록 모델 붕괴 현상이 발생할 수 있다고 주장했다[•]. 생성형 AI의 콘텐츠가 확산되면 인터넷이 생성형 AI가 만든 데이터로 가득 채워질 텐데 그러면 그 데이터들은 다음 생성형 AI로 흡수되고 결국 생성형 AI가 왜곡되고 부정확한 정보를 생성하게 된다는 예측이다.

연구자들은 메타AI가 개발한 AI 모델인 'OPT−125m'를 AI 생성 콘텐츠로 훈련했다. 이 과정에서 텍스트와 이미지 생성 결과의 확률 분포를 계산한 결과 모델 붕괴 현상이 나타나는 것을 발견했다고 했다. 모델 붕괴 현상이 나타나는 이유는 AI 모델이 학습과정에서 원본 데이터 중 지배적인 데이터를 수용하면서 부분적인 데이터는 쓰지 않는 속성 때문이라고 하면서 예를 들어 AI 모델에게 고양이에 대해 학습시키면서 파란색 고양이 10마리와 노란색 고양이 90마리의 사진을 데이터로 보여

● Shumailov, I., Shumaylov, Z., Zhao, Y., Gal, Y., Papernot, N., & Anderson, R. (2023, May 31). The curse of recursion: Training on generated data makes models forget. arXiv.org. https://arxiv.org/abs/2305.17493

주면 모델은 노란색 고양이에 집중하는데 이후 고양이를 생성하도록 하면 모델은 처음엔 파란색 고양이가 노란 빛을 조금 띄게 만들어 내지만 이런 훈련과정이 무수히 반복되면 모델은 어느 순간 녹색 고양이를 만들어 내고 결국은 모두 노란색 고양이를 만들게 된다고 했다. 이런 점진적인 왜곡과 소수 데이터 특성의 손실은 결국 데이터가 오염된 결과여서 모델이 잘못된 현실 인식을 하게 만들어 '붕괴'로 이어진다는 것이다.

AI 모델이 원본 데이터 중 지배적 데이터를 수용하고 부분적 데이터는 쓰지 않는 학습과정을 거치면서 시간이 지나면 원본 정보가 너무 왜곡되어 현실 데이터와 AI 훈련 데이터의 차이가 커져서 AI 모델이 기본 데이터 분포를 잊고 현실을 부정확하게 표현하게 된다는 말이다.

이런 문제가 일어나게 되는 원인은 첫째, 통계적 근사 오차 때문이다. 이는 데이터 샘플의 유한한 수와 관련이 깊다. 둘째, 기능적 근사 오차 때문이다. AI 학습 중에서의 오차 범위가 제대로 설정되지 않는다면 문제가 생긴다. 논문의 다른 저자인 로스 앤더슨(Anderson, R.) 에딘버러대 교수는 블로그를 통해 우리가 바다로 플라스틱 쓰레기를 버리고 대기를 이산화탄소로 오염시킨 것처럼 인터넷을 AI 생성 콘텐츠라는 '허튼 소리'로 채우고 있다고 꼬집었다. 이 때문에 앞으로는 온라인 자료들을 활용해 새로운 AI 모델을 학습시키기가 점점 더 어려워질 것이라고 지적했다.

그리고 생성형 AI로 만든 데이터로 다시 생성형 AI를 학습시키면 자기 포식 장애(MAD; Model Autophagy Disorder)를 일으킨다는 연구가 "광기에 빠지는 자기 섭식형 생성 모델(Self-Consuming Generative Models Go MAD)"이라는 제목으로 공개되었다[*]. AI 모델을 인공 데이터로 반복해서 훈련시키면 산출물의 품질이 저하된다. 그리스 신화 속의 뱀 우로보로스(Ouroboros)가 자신의 꼬리를 먹어 치우듯 AI는 원본 데이터 분포의 꼬리 부분에 해당하는 극단값의 정보를 상실하고 평균값에 쏠린 결과물을 산출하기 시작한다.

거대 언어 모델을 자기 자신, 또는 다른 생성형 AI 모델이 생성한 결과물로 훈련시키면 모델을 구성하는 데이터에 수렴 효과가 일어난다. 그래서 이를 반복하면 분포의 가장자리에 해당하는 꼬리 데이터들이 실질적으로 사라져 버리고 이 때문에 모델에 남은 데이터의 다양성이 줄고 평균값으로 퇴화가 발생한다. 약 5번 정도 반복이 일어나면 원래 데이터 그래프의 꼬리 부분은 완전히 상실된다. 바로 자기 포식 장애가 일어나는 것이다.

이 연구는 AI로 데이터를 생성해서 훈련에 재사용하는 방식이 반복될 수 없음을 알려 준다. 장기적으로는 산출물이 평균값으로 퇴행해서 어떤 식으로든 편향을 일으키기 때문이다. 이는 자연의 섭리와도 묘하게 비슷한데 근친교배가 유전학적으로 열성발현이 나타나 위험한 것처럼 합성 데이터만으로 순환 학습을 하는 것은 AI에서도 장애를 일으킨다. 연구에서는 이런 장애를 광우병에 비유하였다. 사람이 만든 실제 데이터가 충분하지 않으면 향후 생성되는 모델의 정확도와 다양성이 감소하여 자

● Alemohammad, S., Casco-Rodriguez, J., Luzi, L., Humayun, A. I., Babaei, H., LeJeune, D., Siahkoohi, A., & Baraniuk, R. G. (2023, July 4). Self-consuming generative models go mad. arXiv.org. https://arxiv.org/abs/2307.01850

기 포식 장애가 일어나는 것이다.

그러면 재귀 및 자기포식의 저주를 벗어나려면 어떤 노력이 필요할까? 이를 위해서는 인간이 생성한 원본 데이터 출처 접근성을 유지하는 것이 필요하다. 그리고 인간이 생성한 원본 데이터가 오염되지 않도록 관리하고 양도 늘려야 한다. 진짜 데이터와 인공 데이터를 구분하는 것이 중요해지는 것이다. 이를 위해서는 AI 생성 콘텐츠와 인간 콘텐츠를 구별하기 위한 대규모 라벨링 메커니즘이 필요하고 관련 기업과 정부의 협력과 노력이 요구될 것이다.

할루시네이션
: 확률적 생성이 만드는 아무 말 대잔치

챗GPT와 같은 생성형 AI는 확률적으로 적절한 단어를 꼬리에 꼬리를 무는 방식으로 연결하여 대답을 만들어 낸다. 그래서 그 결과가 항상 정확한 사실이라고 하기는 어렵다. 생성형 AI의 이런 문제를 할루시네이션(Hallucination; 환각)이라고 한다. 생성형 AI가 사실이 아닌 내용도 그럴듯하게 꾸며 내어 답하는 현상을 말한다. 챗GPT는 대화형 인공지능이기 때문에 질문에 반드시 답하도록 프로그래밍되어 있다. 그래서 말이 자연스럽게 이어지기만 한다면 잘못된 답변일지라도 그냥 결과물이 생성된다. 그야말로 아무 말 대잔치다.

할루시네이션이 발생하는 원인은, 챗GPT가 근본적으로 글을 만들어 내는 인공지능이기 때문이다. 챗GPT는 거대 언어 모델을 학습하고, 학습된 패턴에 따라 다음에 이어질 단어나 문장을 생성한다. 이 과정에서 질문의 의도나 맥락을 완전히 이해하고 답변을 출력하는 것이 아니라 확률적으로 가장 적절하게 이어질 내용들을 그저 이어 붙인다. 따라서 잘못된 대답이라도 자연스러워 보이기만 하면 그냥 답을 생성해 주는 경향을 보이는 것이다. 또, 잘못된 데이터를 학습하거나 학습량이 부족한 경우에도 할루시네이션이 발생된다. 특히나 한국어의 경우, 웹상에서 차지하는 비중이 적기 때문에 할루시네이션이 발생할 확률이 더 높다.

할루시네이션 문제를 해결하기 위해 AI 연구자들은 지식 그래프를 통합하고, 학습 데이터의 품질을 개선하고, 실시간 정보를 반영한 언어 모델을 개발하는 등 여러 노력을 기울이고 있다. 그리고 오픈AI는 챗GPT가 만들어 낸 답변들에 대하여 지속적으로 피드백을 받아서 정확도를 높이도록 모델의 품질을 개선하고 있다.

그렇지만 여전히 챗GPT는 진짜와 가짜 정보를 구별해 내는 단순한 능력도 인간보다 서투르다. 인공지능은 인간이 보편적으로 가지고 있는 상식, 논리적 사고력, 추론 능력, 윤리적 판단력 등이 부족하기 때문이다. 챗GPT는 채팅창 안에서 대화의 맥락을 기억하고, 상호작용하며, 사람의 피드백을 받아서 모델을 발전시켜 가고 있다는 데서 그 의의를 찾을 수 있다. 하지만 잘못된 정보도 당당하게 말하는 위험성이 있으므로 이를 활용할 때는 진위를 가릴 수 있는 역량, 가짜 정보를 판단하고 가려낼 수 있는 디지털 리터러시가 매우 중요하게 작용할 것이다.

제작자

: 시스템적 보완

오픈AI의 챗GPT나 구글의 바드 그리고 메타의 라마 등 거대 기업들이 대규모 언어 모델을 경쟁적으로 개발하고 있다. 이런 생성형 AI를 학습시키기 위한 데이터는 대부분 온라인상에 공개된 디지털 기록들을 기반으로 한다. 따라서 데이터 필터링을 하더라도 원자료의 오류나 편향의 영향을 물려받을 수밖에 없고, 수많은 콘텐츠를 생성해 내며 우연하게도 문제성 발언이 표출될 수도 있다.

따라서 거대언어모델의 위험성을 줄이기 위해 오픈AI는 두 가지 접근 방식을 취하고 있다. 먼저, 인간 피드백 강화학습(RLHF)을 사용한다. 이는 프롬프트에 대하여 모델의 응답이 적절한지 인간에게 피드백을 받고, 이런 피드백을 반영하여 모델을 업데이트하는 것이다[*]. 오픈AI는 이러한 과정을 통해 유해한 콘텐츠를 생성할 가능성을 줄이고 모델의 안정성과 신뢰도를 향상시켰다. 하지만 이 방법의 단점은 '적절한' 것이 무엇인지에 대한 의견이 사람마다 다소 주관적이고 따라서 서로 엇갈릴 수도 있다는 것이다. 어쨌든 우리들은 엄청난 파워를 지닌 인공지능이 스스로 진화하는 모습을 흔히 상상하지만, 실제로는 그렇지 않다. 인간이 AI의 과외 선생님이 되어서 하나하나 유해한 요소를 찾고 피드백을 주어서 안정성을 높인 결과가 지금 우리가 보는 챗GPT다.

또 다른 접근법은 레드팀(Red Team)을 쓰는 것이다. 레드팀의 역할은 모델이 해서는 안 될 일을 저지르도록 모델을 유도하고 극한의 상황까지 모델을 공격한다. 실제 세계에서 일어날 수 있는 문제들을 예측하여 시뮬레이션하고, 이를 통해 모델을 개선한다.

생성형 AI의 훈련은 새로운 데이터를 만들어 내기 위해 기존 데이터의 패턴을 익히는 것이다. 과거 데이터를 정확히 암기해서 결과를 도출해 내는 것이 아니므로 부정확성이 존재할 수밖에 없다. 다만 훈련의 영역을 좁히거나, 검색 또는 기존 데이터베이스와 결합하여 특정 영역에 특화된 모델은 부정확한 답변의 문제를 상당히 해결할 것으로 기대된다. 이미 많은 생성형 AI 제작사들은 할루시네이션을 보완하기 위해 결과물을 검색 결과와 함께 보여 주는 방식을 채택하고 있다. 기존의 AI 기반 추론 모델과 생성형 AI를 결합하여 단점을 보완하는 방법으로는 인텔리콘연구소(Intellicon Lab)의 법률추론 AI 상담 솔루션 '로(Law)GPT'를 살펴볼 수 있다 로GPT는 인텔리콘이 자체 개발한 법률 추론 AI 시스템과 거대 언어모델을 조합하여 법률에 최적화된 알고리즘을 구축했다. 인텔리콘연구소가 지난 10년간 축적해 온 300만 건 이상의 법령, 판례, 법률 논문, 사건케이스 등의 방대한 법률 지식을 로GPT에 학습시킨 결과 로GPT는 법률 문제를 이해하기 쉽도록 풀어 주고, 관련 법률 조항과 판례까지 제공한다. 이렇듯 안전하고 신뢰로운 AI 모델을 만들기 위해 개발사 측면에서도 여러 접근들이 이루어지고 있기 때문에 기술 발전의 추이에 계속해서 주목할 필요가 있다.

● Ouyang, L., Wu, J., Jiang, X., Almeida, D., Wainwright, C. L., Mishkin, P., Zhang, C., Agarwal, S., Slama, K., Ray, A., Schulman, J., Hilton, J., Kelton, F., Miller, L., Simens, M., Askell, A., Welinder, P., Christiano, P., Leike, J., &; Lowe, R. (2022, March 4). Training language models to follow instructions with human feedback. arXiv.org. https://arxiv.org/abs/2203.02155

사용자

: 플러그인으로 보완

챗GPT는 몇 가지 기술적 약점이 있다. 아무 말이나 그럴 듯하게 꾸며 내는 할루시네이션, 문자의 개수를 세거나 계산을 하는 특정 영역에서의 결함, 실시간 데이터를 반영하지 못한다는 한계가 있다. 그리고 일반적인 채팅 제품으로 개발되었기 때문에 대화형 인터페이스가 가지는 한계도 있다. 다양한 플러그인들을 이용하면 이런 챗GPT의 한계를 보완해 볼 수 있다.

- **WebChatGPT 플러그인**
  WebChatGPT: https://tools.zmo.ai/webchatgpt

WebChatGPT는 챗GPT가 최신 정보를 참조해서 출처가 포함된 글을 생성하게 해 주는 플러그인이다. 원래 챗GPT는 거대 언어 모델이 몇 년 도까지의 정보를 학습했는지에 따라, 특정 연도의 데이터까지만 참조하여 결과를 생성해 준다. 그런데 WebChatGPT를 설치하면 검색 엔진을 기반으로 챗GPT 모델이 최신 자료까지도 참조하여 답변을 생성한다. 또한, 각각의 문장들에 대해 출처를 확인할 수 있는 링크까지 제공해 준다.

WebChatGPT를 챗GPT와 함께 활용하면 챗GPT가 생성한 답변의 근거가 되는 출처를 함께 제시할 수 있으므로 답변에 신뢰성을 높일 수 있다. 다만, 챗GPT가 웹상의 최신 출처를 기반으로 글을 생성했다고 하더라도 각각의 웹사이트들에 포함된 정보들의 신뢰성까지 보장하지 않으므로 이에 대한 추가적인 확인이 필요하다. 그리고 내용을 요약하고 정리하여 글로 표현하는 과정에서 정보들이 섞여서 표현될 수 있기 때문에 전반적인 팩트 체크는 여전히 필수적이다. WebChatGPT는 크롬, 파이어폭스, 엣지 브라우저에 설치하는 플러그인 형태로 무료로 제공되고 있다.

· 챗GPT 고급 데이터 분석 기능

고급 데이터 분석(Advanced Data Analysis)은 사용자가 입력한 정보를 파이썬으로 분석해서 답변을 제공하는 챗GPT의 기능이다. 이 기능은 최초에는 코드 인터프리터(Code Interpreter)라는 이름으로 챗GPT 유료 사용자들에게 베타 기능으로 제공되기 시작하였던 것인데 2023년 8월 28일에 명칭이 고급 데이터 분석으로 변경되었다. 오픈AI는 고급 데이터 분석이 유용하게 활용될 수 있는 대표적 사례로 '수학 문제 해결', '데이터 분석 및 시각화', '파일 형식 변환' 등을 언급했다. 고급 데이터 분석의 핵심 기능은 사용자가 채팅창에 파일을 업로드할 수 있고, 그 파일의 내용을 AI가 파이썬으로 분석해서 답변을 제공한다는 점이다. 그리고 코드를 생성하고 오류가 발생하면, 스스로 알아서 코드를 수정해서 더 나은 결과물을 제시한다.

고급 데이터 분석 이전의 챗GPT는 수학적 연산 기능이 취약하다는 점이 자주 지적되었다. 그런데 이제는 수학 문제를 제시하면 고급 데이터 분석 기능이 파이썬을 활용하여 정확하게 문제를 풀어 준다. 그리고 데이터가 포함된 CSV 파일을 업로드하고 데이터 분석을 요청하면, 알아서 데이터를 이해하여 인사이트를 알려 주고 그래프도 그려 준다. 생성된 그래프에 대한 수정도 가능하다. 예를 들어 그래프상의 축 범위를 변경하거나, 그래프 색상을 더 눈에 띄는 조합으로 변경해 달라고 요청할 수 있다. 그리고 이미지를 업로드하면 흑백으로 만드는 등 간단하게 편집을 하거나 효과를 넣을 수 있다. PDF 파일을 올리면 OCR 기능으로 텍스트만 추출해 달라고 요청할 수 있다. 사용자가 발표 자료로 변환하고 싶은 문서 파일이 있다면 고급 데이터 분석 모드에서 파일을 업로드해 보자. 그러면 AI가 내용을 파악하고 알아서 개요와 디자인을 구성해서 PPT 자료를 만들어 준다.

• ScholarAI 플러그인

ScholarAI: https://scholar-ai.net

ScholarAI는 챗GPT가 질문과 관련된 논문을 찾아주는 플러그인이다. ScholarAI를 설치하면 챗GPT 엔진이 스프링 네이처(Springer-Nature), 펍메드(Pubmed), 아카이브(Arxiv) 등 전문 리뷰어의 검토 과정에 해당하는 피어 리뷰(Peer review)를 거친 논문들에 접근할 수 있다. ScholarAI를 통해 챗GPT 모델은 질문 속 키워드를 기반으로 논문 초록을 참조하여 사용자가 던진 질문에 대해 답을 찾을 수 있는 논문 제목, 요약, 엑세스 링크를 제시해 준다. 그리고 논문 PDF 파일에 접근이 가능하다면 세부 내용까지도 볼 수 있다. ScholarAI는 챗GPT 유료 구독자만 사용할 수 있는 오픈AI의 챗GPT 플러그인 스토어를 통해 제공되고 있다. ScholarAI를 활용하여 논문을 찾고 정보를 요약하는 프롬프트의 예시는 다음과 같다.

질문 프롬프트 예시 다음 질문을 직접 입력하고 챗GPT의 답변을 한번 살펴보세요!

예) [연구주제]와 관련된 최근 논문 3개를 찾아 주세요.

위의 논문 중 [숫자]번째 논문의 내용을 아래 형식으로 요약해 주세요.

    1. 제목:

    2. 저자:

    3. 게재 일자:

    4. 주요 내용:

    5. 핵심 키워드:

위의 내용을 한국어로 작성해 주세요.

논문의 핵심 내용을 [숫자]가지 키워드로 요약해 주세요.

- **Wolfram 플러그인**

https://www.wolfram.com/wolfram-plugin-chatgpt

Wolfram 플러그인은 울프람 알파(Wolfram Alpha)의 계산 기능을 챗GPT
에 더해 주어서 챗GPT가 수학 계산, 날짜 및 단위 변환, 공식 풀이 등을
Wolfram Alpha를 기반으로 답변할 수 있게 된다. 울프람 알파는 수학,
물리학, 화학, 과학, 역사, 지리 등 다양한 주제에 대한 정보를 제공하는
검색 엔진이다. Wolfram 플러그인을 통해 챗GPT가 수학 계산을 정확
하게 할 수 없었던 약점을 보완할 수 있다. Wolfram는 챗GPT 유료 구
독자만 사용할 수 있는 오픈AI의 챗GPT 플러그인 스토어를 통해 제공
되고 있다.

- 퍼플렉시티 웹사이트

Perplexity: https:// perplexity.ai

퍼플렉시티는 거대언어모델이 인터넷 정보를 바탕으로 답변을 생성해 주는 검색 엔진이다. 퍼플렉시티는 모든 답변을 출처에 근거해서 제시해 준다. 퍼플렉시티의 AI 기반 검색 엔진은 사용자가 자연어로 질문할 수 있는 챗봇 인터페이스를 제공하면서도, AI가 최신의 웹사이트 소스를 인용하여 응답한다는 점에서 기존 검색 엔진과 차별화된다.

기존의 거대언어모델들은 특정 연도까지의 데이터만을 학습해서 서비스를 제공하기 때문에 사용자가 최신 정보를 얻는 데 한계가 있었고 답변의 출처도 명확하지 않았다. 반면 퍼플렉시티를 활용하면 출처가 확인되는 최신 정보를 대화형 인터페이스 기반으로 얻을 수 있다. 이는 정보의 최신성과 신뢰성을 보장하면서도 생성형 AI의 할루시네이션 현상의 부작용을 줄이는 데도 도움이 될 것이다.

퍼플렉시티에서는 포커스(Focus) 기능으로 검색할 소스의 종류를 지정할 수 있다. 그리고 사용자가 특정 주제에 대해 더 자세히 알아볼 수 있도록 AI에게 후속 질문을 할 수도 있다. 또한 코파일럿(Copilot) 기능을 활용하면 AI가 추가 질문을 제안하여 최적의 결과를 탐색할 수 있도록 도와준다.

퍼플렉시티는 답변의 출처까지 제공해 주기 때문에 매우 편리하지만 그 출처가 되는 소스의 정확성까지 보장하는 것은 아니기 때문에, 사용자가 정보의 정확성을 확실하게 판단하기 위해서는 출처에 담긴 내용의 정확성을 별도로 확인해야 한다는 과제가 사라지는 것은 아니다.

- **SciSpace 웹사이트**

  SciSpace: https://typeset.io

SciSpace는 AI 기반으로 논문을 검색하고, 논문에 대하여 질문하거나 요약이나 설명을 요청할 수 있는 서비스다. 원하는 연구 주제에 대해 검색하면 연관된 논문들이 다양한 정보와 함께 제시된다. 관심있는 논문을 선택하면 왼쪽에는 논문의 내용이, 오른쪽에는 코파일럿(Copilot)이라고 하는 채팅창이 나타난다. 채팅창에는 논문에 대해 질문을 할 수 있는 예시 질문들이 준비되어 있다. 프롬프트의 예시는 요약하기, 초록 설명하기(Explain Abstract), 적용점(Practical implications) 등이다. 프롬프트 예시를 선택하여 논문에 대해 간편하게 알아보거나, 내가 원하는 부분을 요약해 달라거나 논문에서 더 알아보고 싶은 내용들을 질문할 수 있다. 사이트 우측 상단에서 언어를 한글로 지정하면 한국어로도 대답을 해 준다. 또한 논문에서 모르는 단어를 선택하면 코파일럿이 바로 찾아서 알려 준다. 내가 소장하고 있는 논문 PDF 자료를 직접 업로드한 뒤 이에 대해 질문할 수도 있다.

허튼 말은 거짓말보다 위험하다

우리는 챗GPT와 같은 생성형 AI가 만들어 내는 문장들이 사람같이 자연스럽다고 감탄하곤 한다. 하지만 챗GPT는 실제 우리가 살아가는 세계를 이해하고 말하는 것이 아니다. 챗GPT는 대규모 언어모델을 학습하여 그 안에서 패턴을 찾고, 통계적인 방식으로 그다음 단어를 추측해 가며 한땀 한땀 글을 붙여 나간다. 이런 언어 모델은 단지 인간의 언어를 흉내 낼 뿐이지, 실제 우리가 살아가는 세계를 이해하고 말하는 것이 아니다. 이처럼 챗GPT는 모방에 능하고 사실에 약하다.

그래서 언어 모델은 매우 편리하지만 매우 위험하기도 하다. 철학자 해리 프랑크푸르트(Harry G. Frankfurt)는 그의 저서 《개소리에 대하여(On Bullshit)[•]》를 통해 거짓말보다 위험한 '개소리'에 대해 철학적으로 접근하였다. 거칠게 마구 말하는 것만이 개소리가 아니다. 세상에는 세심한 개소리도 많다. 이런 개소리는 거짓말보다 위험하다. 거짓말은 누군가를 속이기 위해서 적어도 자신의 말이 진리인 것처럼 포장하기 위해서라도 진리에 대한 최소한의 인식이자 존중을 갖춘다. 하지만 개소리는 자신의 말이 거짓이든 진리이든 전혀 상관하지 않는다. 한마디로 개소리는 진리에 무관심하다. 그래서 개소리는 거짓말보다 위험하다.

이런 비교를 통해 저자는 개소리를 다음과 같이 정의한다. 개소리는

[•] Wikimedia Foundation. (2023. July 12). On bullshit. Wikipedia. https://en.wikipedia.org/wiki/On_Bullshit

'생각 없음.'에 기원하는 말 또는 '진리에 대한 관심과 연결되어 있지 않은 언어 사용'이다. 거대언어모델로부터 확률적으로 연결되는 단어의 나열 역시 진리와 무관할 수 있다. 그리고 챗GPT가 실제 세계를 이해할 수 없다는 점에서 우리는 생성형 AI에 능력에 대해 섣부르게 과대판단하는 것을 주의해야 한다. 또한 정확성이 요구되는 법률, 의료, 학술 분야에서 생성형 AI를 활용할 경우에는 각별한 주의가 필요하다. 즉, 아직까지도 생성형 AI는 '조금 틀려도 괜찮을 때' 기댈 수 있는 비서다.

챗GPT는 생성형 AI 서비스의 대표주자이지만 여전히 기술적 한계가 있고 대화형 인터페이스에 갇혀 있다는 아쉬움이 있다. 따라서 다른 대안적인 생성형 AI 서비스들에도 관심을 기울일 필요가 있다. 최근 들어 많은 투자가 이어지는 덕분에 생성형 AI 시장이 급속히 성장하였다. 〈21 best ChatGPT alternatives(21가지 최고의 챗GPT 대체 서비스)〉라는 글에서는 챗GPT를 보완할 수 있는 다양한 제품들을 소개하고 있는데 이런 자료들을 통해 챗GPT와 유사한 인공지능 기술이 어떻게 발전하고 있는지를 논의하고 각각의 기술들을 우리의 삶에 어떻게 활용할 수 있을지 탐색해 볼 수 있다[**].

●● Demers, T. (2023, April 7). 21 best CHATGPT alternatives. Search Engine Land. https://searchengineland.com/chatgpt-alternatives-395322

윤리적 문제

생성형 AI는 그 파급력으로 인해 사람들의 삶에 파괴적인 영향을 미치고 있다. 따라서 생성형 AI 기술이 사람들의 삶에 어떤 영향을 미칠 수 있는지, 그리고 생성형 AI 기술이 당면한 윤리적 문제들에 대한 논의가 필요하다. 생성형 AI에 관련한 윤리적 이슈로는 크게 편견과 편향의 문제, 정보 보호와 보안 문제, 저작권 문제, 양극화 문제, 환경과 지속가능성에 대한 문제 등을 진단해 볼 수 있다.

편견과 편향의 문제
: 데이터 의존성

생성형 AI로는 학습한 데이터에 따라 편견이 스며든 답변이 만들어지기도 한다. 이는 다양한 방식으로 나타날 수 있는데 예를 들어 생성형 AI에게 인종, 성별, 성적 기호에 관련된 질문을 한다면 편향되거나 불쾌감을 주는 답변을 받게 되는 경우가 있다. 또한 소수 집단에 대한 이해와 공감이 부족하여 배타적인 언어로 답이 표현되는 상황도 벌어지곤 한다. AI는 인간이 만든 데이터를 기반으로 만들어지기 때문에 AI가 만든 결과물에는 인간의 편견이 깃들어 있다. 실제로 AI가 학습하는 많은 데이터셋에 인종이나 성별에 대한 편향적 시각이 만연해 있고, 언어 모델이 이를 학습하고 챗GPT로 답을 주면서 데이터에 내재되어 있던 편향이 재생산된다. 더욱 심각한 문제는 생성형 AI는 때때로 비윤리적 답변을 할 수 있지만 그것을 스스로 파악하기는 어렵다는 점이다.

하지만 '구더기 무서워 장 못 담글까' 하는 속담처럼 편견과 편향에 대한 우려 때문에 이미 우리 삶 속에 스며든 AI의 활용을 아예 배제하기도 어렵다. 유네스코 여성AI윤리플랫폼 공동의장인 알렉산드라 살라(Alexandra Sala)는 "AI 모델이 지향해야 하는 방향은 완벽이 아니라 유용성"이라고 말했다. 사람이 가끔 실수를 하는 것처럼 AI 모델도 완벽하지 않다는 것이다. 그러면서 "AI가 편향된 데이터를 학습해 윤리 문제를 초래한다면, AI 모델을 조정하고 재학습시켜 기술의 혜택을 누릴 수 있다."라고 말했다. AI 모델은 개발 과정에서 다양성을 지닌 데이터셋을 수집하고 활용하는 것이 중요하다. 그도 "AI 모델이 편견에 치우치지 않도록 다양성과 글로벌 대표성을 가진 데이터를 학습시켜야 한다."라며 이를 강조했다[•].

● 파이낸셜뉴스. (2023, June 19). AI 윤리문제는 재학습으로 조정 가능. 파이낸셜뉴스. https://www.fnnews.com/news/202306191423313599

이처럼 생성형 AI의 편견과 편향을 줄이기 위해서는 다각적인 노력이 필요하다. 먼저 AI의 학습 데이터셋은 다양한 출처를 통해 구성되어야 한다. 그리고 AI 모델이 구축되는 과정과 결과 모두에서 데이터에 포함되거나 모델에 학습된 편향을 감지할 수 있는 시스템이 구축되어야 한다. 그리고 편향된 응답이 생성된 경우 사용자가 이에 대하여 적절한 피드백을 제공하여 모델이 수정될 수 있도록 선순환의 피드백 루프가 제공되어야 한다. 생성형 AI의 제공사들은 사전에 데이터를 필터링하고 전문가 평가, 모델의 안정성 검토, 모니터링 등을 통해 안전한 서비스를 제공하려고 노력하고 있다. 다만 사람으로부터의 편견과 편향이 계속해서 데이터에 스며들고 AI는 이런 데이터로 학습하기 때문에 여전히 유해한 정보나 조언, 부정확한 정보는 생성된다. 따라서 사용자의 비판적 시각은 AI 활용에 있어 항상 견지해야 하는 중요 요소다.

· 탈옥(DAN 모드): 챗GPT 가스라이팅 시키기

앞서 말한 편견과 편향성 문제들을 해결하기 위해 생성형 AI의 제작사들은 모델에 각종 제약을 걸어 두었다. 사용자들은 이러한 제약을 풀기 위해 챗GPT 등의 서비스에서 인공지능 모델이 사용자가 하는 말의 의도를 모르도록 역할극 따위로 돌려 말하는 프롬프트를 생각해 냈다. 이는 'DAN(Do Anything Now) 모드' 혹은 '탈옥(Jailbreak)' 등의 명칭으로 부른다. DAN 모드를 이용하려면 사용자가 탈옥 명령을 내려야 한다.

탈옥의 목적은 이용 정책 등으로 공개된 바에 따르면 테러나 범죄에 악용될 지식, 혐오 발언 등 부적절한 정치에의 이용, 쾌락만을 위한 음란물 제작, 악성 소프트웨어 생성 등을 막으려는 데 주요한 목적이 있다.

따라서 정책에 반하는 부도덕한 프롬프트를 발견하는 챗GPT 개발진이 이런 탈옥을 하는 이용자의 행태를 반영한 패치를 계속 내놓고 있다. 또한 챗GPT를 어떻게든 탈옥시키려는 유저들 역시 지속적으로 DAN 모드 활성화가 가능한 역할극 구문을 지속적으로 발견하고 있어 일종의 창과 방패의 경쟁이 계속되고 있다.

정보 보호를 위한 3가지 주의사항

· 주의! 학습 데이터를 통한 정보 유출

챗GPT는 빅데이터를 학습하는 과정에서 민감한 정보까지도 학습하게 될 수 있고 활용 단계에서는 프라이버시를 침해하는 응답이 생성될 수 있다. 개인의 건강정보, 금융정보, 기타 민감한 정보가 담긴 대량의 데이터가 AI의 학습 데이터에 포함될 수 있기 때문이다. 따라서 이러한 정보가 사용자 동의 없이 공유되거나 악의적으로 활용되지 않도록 개인정보와 프라이버시를 보호하는 법률과 제도들이 강화될 필요가 있다.

기업과 공공기관들은 강력한 보안 시스템을 구축하고, 민감한 정보에 대한 접근을 신중하게 관리해야 한다. 그리고 데이터의 흐름을 지속적으로 모니터링하여 개인정보를 보호하려는 모범 사례들을 만들어 내려는 것이 중요하다. 그리고 AI가 데이터를 학습하고 그 모델이 구축되는 과정에서 민감한 정보들이 포함되지 않도록 신중하게 데이터 및 모델 큐레이션을 해야 한다.

이와 관련하여 구글의 '노트북LM(NotebookLM)' 사례를 참조할 수 있다[●]. 노트북LM은 정보 유출에 대한 우려 없이 AI를 활용할 수 있는 메모 작성 도구이다. 언어 모델(LM; Language Model)을 뜻하는 LM이 이름에 붙어 있듯이 사용자의 방대한 문서에 대한 확인을 인공지능을 활용하여 빠르고 효율적으로 수행할 수 있다. 그런데 기존 생성형 AI와 다른 점이 있다면 활용하는 정보 출처의 우선순위가 다르다는 점이다. 생성 AI는 이전에 학습한 모든 내용을 기반으로 질문에 맞는 답변을 제시한다. 하지만 노트북LM은 사용자가 제공하는 문서를 기반으로 방대한 내용에서 핵심을 요약하고, 복잡한 내용을 쉽게 설명하고, 질문을 통해 새로운 아이디어를 얻는 브레인스토밍을 지원한다. 그리고 사용자가 제공한 문서만으로 충분한 정보를 제공할 수 없다면, 기존의 생성형 AI처럼 스스로 학습했던 지식에서 답변을 가져오기도 한다.

그렇지만 노트북LM은 인공지능이 사용자가 제공한 문서 자료에만 접근하고 사람과 인공지능 간 상호작용이 다른 사용자에게 영향을 미치지 않도록 설계되었다. 그리고 AI 모델 그 자체를 학습시키기 위해 사용자 데이터를 사용하지 않는다. 노트북LM과 같은 사례가 기밀 자료 유출 등의 보안 문제를 해결하면서 지식 정보 처리에 효율을 올릴 수 있는 대안이 될 수 있을지 주목할 필요가 있다.

● Google. (n.d.). NotebookLM. https://notebooklm.google.com

· **주의! 질문을 통한 정보 유출**

생성형 AI에 던지는 질문 안에 개인정보나 기업정보가 포함되는 것에 주의를 기울여야 한다. 삼성전자 디바이스 솔루션 부문 사업장에서 챗 GPT 사용을 허가하자마자 설비정보와 회의내용이 챗GPT에 입력되는 사고가 발생했다. 직원들이 챗GPT에 반도체 설비 계측과 관련된 소스 코드를 입력해서 오류를 물어보거나, 회의록 녹취 문서를 올려서 회의록 작성을 요청했던 것이다•.

물론, 사용자가 입력한 질문들은 생성형 AI 각각의 서비스 안에서 처리되고 외부로 유출될 가능성은 매우 낮다. 하지만 민감 정보의 경우 보안이 중요하기 때문에 애초에 질문으로 입력하지 않는 것이 가장 좋다. 따라서 개인이나 기업과 관련된 정보를 사용해야 할 때는 반드시 적절한 보안 절차를 따라야 한다. 또한 불필요한 대화 내역은 삭제하고 추후 참고용으로 필요한 대화 내용은 별도의 저장소에 기록해 두는 것이 필요하다.

이렇듯 보안에 대한 염려로 JP모건체이스, 골드만삭스, 씨티그룹, 뱅크오브아메리카 등 해외 금융권 회사들은 직원들의 챗GPT 사용에 제한을 두고 있다. 생성형 AI 활용과 관련하여 기업 정보가 외부로 유출되는 것을 막으려면 아예 생성형 AI를 별도의 내부 시스템으로 마련해야 하는데 그러려면 거대언어모델을 독자적으로 구축해야 한다. 실제로 모건

● 정두용. (2023, March 30). 우려가 현실로…삼성전자, 챗GPT 빗장 풀자마자 '오남용' 속출. 이코노미스트. https://economist.co.kr/article/view/ecn202303300057

스탠리는 오픈AI와 제휴를 해서 금융 분야에 특화된 거대언어모델을 기업 내부에 별도로 구축했다.

교육 분야의 기업 및 기관이 거대언어모델을 별도로 구축하는 것이 쉬운 일은 아니다. 따라서 대부분 오픈AI나 마이크로소프트 애저(Azure)에서 제공하는 범용적 거대언어모델(SOTA LLM)의 API 서비스를 사용하게 된다. 그런데 외부 거대언어모델을 사용하다 보면 프롬프트를 타고 사용자들의 정보가 흘러 나갈 수밖에 없다. 따라서 궁극적으로는 교육 분야에 특화된 생성형 AI 서비스를 구축하는 것이 바람직할 것이다. 최근 블룸버그의 블룸GPT나 구글의 메드팜과 같이 금융과 의료 등 특정 산업에 최적화된 거대언어모델이 소개되고 있다. 그리고 버티컬 거대언어모델을 쉽게 구축하여 운영할 수 있는 오픈소스들도 공개되고 있어서 향후 교육 분야에서의 변화와 혁신이 기대된다.

· 주의! 활동 기록 남기지 않기

생성형 AI를 활용할 때는 개인이나 기관의 민감정보를 일단은 입력하지 않도록 주의하고, 공공 컴퓨터에서 생성형 AI를 사용했다면 사용을 마친 후에는 계정에서 로그아웃을 해야 한다. 당연하고 간단한 주의사항이지만 아주 중요하다. 또한 생성형 AI가 대화 기록을 수집하거나 학습하지 않도록 설정해 둘 수 있다. 생성형 AI는 기본적인 설정으로는 사용자의 개인정보가 빠져나갈 위험이 있다. 대부분 옵트아웃 방식이기 때문이다.

옵트인(Opt-in)과 옵트아웃(Opt-out)은 개인정보 처리를 위한 두 가지 동의 방식이다. 옵트인은 정보 주체인 당사자에게 개인정보 수집 · 이용·제공에 대한 동의를 먼저 받고 개인정보를 처리하는 방식이다. 우리나라에서는 개인정보보호 법률에 따라 옵트인 방식을 채택하고 있다. 그래서 국내 서비스를 활용할 때 사용자의 동의에 따라 개인정보 수집 여부가 달라진다. 옵트아웃은 옵트인의 반대 개념이다. 옵트아웃에서는 정보 주체의 동의를 받지 않은 상태에서도 개인정보를 수집·이용하고, 당사자가 거부 의사를 밝히면 그때 개인정보 활용이 중지된다. 옵트인은 '선 동의 후 사용'으로 개인정보를 보호하고, 옵트아웃은 '선 사용 후 배제'로 서비스 제공 측면에서 편리성이 있는 방식이다.

최근 AI 서비스와 관련하여 빅데이터 활용이 중요해지면서 옵트아웃 상태인 서비스가 많아졌다. 유럽에서는 개인정보 보호를 최우선적으로 고려하기 때문에 대부분 옵트인 방식을 채택한다. 그런데 미국의 경우에는 공공기관에서는 옵트인 방식이 사용되지만 기업에게는 제한적으로 옵트아웃을 허용하고 있어서 개인정보를 침해하지 않는 선에서의 빅데이터 활용이 이루어지고 있는 것이다. 챗GPT와 바드 역시 옵트아웃 방식을 채택하고 있기 때문에 상황에 따라 대화 기록을 중단하거나 삭제하는 방법을 사용자가 알아 두고 조치할 필요가 있다. 정보 보호를 위한 챗GPT와 바드의 설정 방법은 다음과 같다.

❶ 정보 보호를 위한 챗GPT 설정

챗GPT 제작사인 오픈AI는 데이터 제어에 관련하여 챗GPT 데이터 제어를 통해 채팅 기록을 끄고 대화를 모델 학습에 사용할지 여부를 선택할 수 있다고 밝히고 있다[*]. 또한 챗GPT의 데이터를 외부로 저장하고 계정을 영구적으로 삭제할 수 있는 옵션도 제공한다. 챗GPT의 채팅 기록 및 AI 학습을 비활성화하는 방법은 다음과 같다.

> **챗GPT 대화 기록 삭제**
>
> 챗GPT 사이트 왼쪽 상단에서 대화 목록 선택 〉 휴지통 선택 〉 확인 선택

> **챗GPT 히스토리 및 트레이닝 비활성화**
>
> 챗GPT 사이트 왼쪽 하단에서 이메일 주소 오른쪽의 '...' 선택 〉 Settings 선택 〉 Data controls 선택 〉 Chat History & Training 비활성화 선택

기록이 비활성화되면, 챗GPT의 대화가 AI 모델의 학습을 위해 사용되지 않고, 사이드바에 채팅 내역이 표시되지도 않는다. 다만, 악용 사례를 모니터링하기 위해 모든 대화는 30일 동안 보관된 이후에 영구적으로 삭제된다.

❷ **정보 보호를 위한 바드 설정**

구글에서 바드를 사용하도록 설정하면 바드에서의 내 활동들이 구글 계정에 저장된다. 따라서 구글 계정의 '내 활동' 내역에서 프롬프트를 검토하고 바드 활동 기록을 삭제하거나 아예 바드의 사용을 중지시킬 수 있다. 바드 활동 기록을 검토하고 삭제하는 방법은 다음과 같다.

● OpenAI. (n,d,), Data Controls FAQ. OpenAI Help Center. https://help.openai.com/en/articles/7730893-data-controls-faq

〉바드 활동 기록 검토 및 삭제

bard.google.com으로 이동 〉왼쪽 상단 메뉴 중 '다음 Bard 활동' 선택 (myactivity.google.com/product/bard 주소를 통해 이동 가능) 〉삭제할 활동 선택

Google은 개인정보를 보호하기 위해 샘플링된 대화들을 검토하고 개인 식별 정보를 삭제하고 있다. 무작위로 샘플링된 대화들에서 개인 식별 정보가 발견된다면 자동화된 도구로 삭제된다. 또한 샘플링된 대화들의 처리는 사람의 검토과정을 거치며 검토 내용들은 최대 3년까지 보관된다고 밝히고 있다•.

이렇듯 생성형 AI에 민감 정보가 입력되지 않도록 사용자 측면에서 주의를 기울일 필요가 있다. 그리고 생성형 AI 제작사들 역시 사용자들에게 개인정보 보호와 보안에 대한 주의사항을 안내하고 있으며 시스템적으로도 보안 취약점을 줄이기 위해 노력하고 있다. 오픈AI는 생성형 AI 시스템의 취약점을 식별하고 해결하기 위해 '버그 바운티' 프로그램을 진행하고 있다••. 오픈AI는 버그크라우드(Bugcrowd)와 협력하여 보안 전문가, 해커, 기술 전문가들을 대상으로 보안 취약점에 대한 정보를 제공하면 그 심각성에 따라 보상금을 제공한다.

• Google. (2023). Bard 고객센터 – 나의 Bard 활동 관리 및 삭제하기. Google. https://support.google.com/bard/answer/13278892
•• OpenAI. (2023). Announcing OpenAI's Bug Bounty Program. OpenAI. https://openai.com/blog/bug-bounty-program

AI 창작물의 저작권과 소유권

인공지능, 예술성을 인정받다

2021년 미국 콜로라도에서 열린 미술 대회에서 '스페이스 오페라 극장 (Theatre D'opera Spatial)'이라는 제목의 작품이 대상을 수상했다. 그런데 이 그림에는 숨겨진 비밀이 있었다. 실제 붓과 물감을 전혀 사용하지 않고 AI가 그려낸 작품이었던 것이다. AI가 미술 대회에서 수상을 하자, 사람들은 충격에 빠졌다. AI가 만든 작품을 예술로 인정할 수 있을까? 만약 AI 프로그램을 활용하여 작품을 만들었다면 창작의 주체는 누구로 인정해야 할까?

생성형 AI 기술은 빠르게 발전하고 있고, 어느덧 창작자가 인간인지 인공지능인지 쉽게 구분할 수 없는 시대가 되었다. 이에 따라 인공지능이 만든 다양한 창작물에 대한 법률적 해석이 시대적 변화를 반영해야 한다는 목소리도 높다. 생성형 AI의 창작물에 대한 사람의 관여도에 따른 저작권의 인정, 그리고 인공지능의 학습에 활용된 데이터에 대한 저작권 등 다양한 인공지능 저작권과 관련되어 충분한 사회적 논의가 필요한 시점이다.

AI 창작물의 저작권은 누구에게로?

인공지능은 저작권의 소유자가 될 수 있을까? AI가 생성한 콘텐츠는 저작권으로 보호될 수 있지만 AI 자체가 콘텐츠를 소유할 수는 없다. 유럽 및 미국에서도 AI는 무형자산 소유의 전제 조건인 법인격이 없기 때문에 AI가 저작권을 소유할 수는 없다.

우리나라 저작권법 해석론상으로는 챗GPT와 같은 인공지능의 산출물을 저작물로 인정하거나 인공지능을 저작권자로 인정할 수 없다. 대한민국 저작권법 제136조 제1항에서는 "다른 사람의 생각 또는 감정을 표현한 소설, 시, 논문, 강연, 사진, 비디오 등을 원작자의 허락 없이 무단으로 베끼거나 남에게 보여 주는 행위를 처벌한다."라고 밝히고 있다. 그리고 저작권법상 저작자는 저작물을 창작한 자인데, 전 세계적으로 저작자는 오로지 사람만을 인정하고 있다. 대한민국 저작권법 제2조 제1호에서는 저작물에 대하여 "인간의 사상 또는 감정을 표현한 창작물"을 의미한다고 정의하고 있다.

저작권이 인정되기 위해서는 저작물의 주체가 인간이 되어야 하므로 인공지능은 저작권자가 될 수 없다. 마찬가지로 개나 코끼리가 그린 그림이나 인공지능이 그린 그림은 사람이 그린 것이 아니기 때문에 현행 저작권법상 저작물로 인정받을 수 없다. 대한민국 특허법 제33조(특허를 받을 수 있는 자)에 해당하는 내용인 "발명을 한 사람 또는 그 승계인은 이 법에서 정하는 바에 따라 특허를 받을 수 있는 권리를 가진다."에서 또한 창작물에 대한 권리를 인간으로 국한하고 있다.

미국 저작권법(Copyright Law of the United States)은 저작물을, 인간의 사상과 감정이 표현된 창작물로 보고 있다. 미국 저작권청의 실무제요(Compendium of US Copyright Office Practices) 제306조에서는 저작권이 인간 저작자 요건(Human Author Requirement)을 전제로 하고 있음을 규정하고 있다. 따라서 인간이 창작하지 않은 저작물에 대해서는 저작권 등록을 거부하고 있다. 사람이 만든 요소가 없는 생성형 AI의 산출물은 현재 미국에서 저작권을 인정받을 수 없다.

실제로 미국 저작권청은 2022년 2월, AI의 미술 작품 〈파라다이스로 가는 입구(A Recent Entrance to Paradise)〉에 대한 저작물 인정 소송에서, 이를 저작물로 등록할 수 없다고 결정했다. 인간의 창작물이여야 한다는 저작물의 요건을 충족시키지 못했기 때문이다. 그리고 2023년 2월 인공지능 미드저니(Midjourney)로 이미지를 제작한 작가에게도 해당 이미지에 대한 저작권 인정을 거부하였다. 〈새벽의 자리아(Zarya of the dawn)〉라는 인터넷 만화를 제작한 크리스티나 카슈타노바(Kristina Kashtanova)는 작품 전체에 대한 저작권을 주장했다. 하지만 미국 저작권청은 만화 속 글만 저작권을 인정하고 이미지는 인간이 만든 것이 아니어서 저작권을 인정해 줄 수 없다고 밝혔다. 다만 작가가 이미지 생성 AI를 사용했더라도 만화 내에서 글과 이미지를 배치하는 방식에 대해서는 저작권을 인정할 수 있다고 밝혔다.

　　그렇다면 생성형 AI의 창작물에 대한 권리 귀속의 주체는의 소유자는 누가 되어야 할까? 현재까지의 법률을 검토해보면 명확히 '인간'이다. 특히 인공지능을 권리의 객체인 물건으로 본다면 생성형 AI가 창작한 창작물은 원물에서 경제적 용도에 따라 자연적으로 수취되는 천연과실에 해당한다. 대한민국 민법은 제101조에 "물건의 용법에 의하여 수취되는 산출물은 천연과실이다."라고 규정하고 있는데 제102호 제1항에 "천연과실은 그 원물로부터 분리하는 때에 이를 수취할 권리자에게 속한다."라고 했다. 따라서 인공지능을 소유한 소유자에게 인공지능이 창작한 창작물의 소유권이 귀속된다.

AI 창작물은 누구나 사용할 수 있을까?

2023년 3월 15일, 미국 저작권청은 인공지능 창작물의 저작권에 대하여 새로운 지침을 발표했다[*]. 미국 저작권청은 AI는 사람을 대상으로 하는 저작권법의 적용 대상으로 볼 수 없다는 기존 입장을 공식화했다. 인공지능이 만든 창작물에 대한 저작권은 여전히 인정되지 않고 다만 최종적으로 완성된 작품에 사람의 창의성과 아이디어가 직접적으로 들어 있다면 별도로 저작권이 인정된다. 즉, 인공지능의 창작물에 사람이 2차 가공을 했을 경우 가공물에 대한 창작자의 저작권을 인정하겠다는 것이다. 한편 프랑스와 룩셈부르크 등 유럽 연합 일부 국가의 음악저작권협회에서는 인공지능 에이바(AIVA)의 저작권자 등록을 인정하고, AI의 창작물에 대한 저작권을 인정한 사례가 있다.

앞으로 생성형 AI가 만들어 낸 콘텐츠에 대한 저작권 인정 문제가 첨예한 쟁점으로 떠오를 것이다. 그리고 이 문제는 AI를 법 인격체로 인정할 것인지의 문제로 확대될 수 있기 때문에 사회적으로 매우 신중하게 결정해야 할 문제이다. 그리고 생성형 AI로 만들어 낸 콘텐츠가 기존의 저작물과 너무 유사하거나, 그러한 콘텐츠를 상업적인 목적으로 무단 활용한다면 문제가 발생할 수 있으므로 각별한 주의가 필요하다.

● Brittain, B. (2023, March 15). U.S. Copyright Office says some AI-assisted works may be copyrighted. Reuters. https://www.reuters.com/world/us/us-copyright-office-says-some-ai-assisted-works-may-be-copyrighted-2023-03-15

AI는 저작권 보호에 어떻게 도움이 될까?

챗GPT는 창작을 돕는 유용한 도구이다. 그런데 챗GPT와 같은 생성형 AI는 기존에 이미 공유되고 있는 창작물 데이터를 학습하고 이를 바탕으로 결과물을 생성해 준다. 그래서 엄밀히 말하면 완전히 스스로 새로운 것을 창조했다고 보기는 어려우며 챗GPT를 활용하여 무언가를 만든다면 나도 모르게 학습 데이터에 포함된 다른 사람의 창작물을 표절하는 일이 일어날 수 있다. 이에 따라 기존 저작물들이 챗GPT 등의 학습데이터로 이용되는 것에 대해 저작권 논쟁이 불거지고 있다.

이미 전 세계적으로 AI의 학습데이터의 저작권에 대해 관심이 높아지고 있다. AI의 개발사들은 그동안 웹에 있는 방대한 자료들을 별도의 비용을 지불하지 않고 언어모델 학습에 사용해 왔는데 이 학습데이터에 대한 권리를 요구하는 목소리가 커지고 있는 것이다.

유럽연합은 AI의 학습데이터에 대한 저작권을 법제화하여 거대 기업들로부터 창작자들의 권리를 보호하려는 움직임을 보이고 있다. 다만 우리나라는 현행 저작권법의 해석상, AI 학습을 위한 저작물의 이용이 저작권 침해가 면제되는 공정이용에 해당하는지 여부는 명확하지 않다.

AI 저작물 학습 시 저작물의 복제·전송이 이루어지며 이때 저작권자의 동의를 받아야 하는데 대규모 데이터를 기계적으로 분석하고 학습하는 경우 개별적으로 동의를 받는 것이 사실상 불가능하다. 우리나라 저작권법 제35조의5는 공정이용 일반조항으로서 저작물의 통상적인 이용방법과 충돌하지 아니하고 저작자의 정당한 이익을 부당하게 해치지 아니하는 경우에는 저작물을 이용할 수 있도록 하고 있으나 AI의 저작물학습이 이에 해당하는지 불분명하다.

먼저, 공정이용에 해당한다는 해석으로는 생성형 AI가 저작물을 학습하여 새로운 데이터를 만들어 낼 때, 변형적 이용(transformative use) 및 비표현적 이용(non-expressive use)을 한다는 것이다. 이에 따라 저작물에 표현된 사상이나 감정을 향유하지 않으므로 AI의 저작물 학습은 공정이용에 해당된다고 볼 여지가 있다.

반면 컴퓨터 분석 목적으로 저작물을 데이터베이스화하여 계속 보관할 수 있고, 학습 저작물 일부를 그대로 결과물로 내놓는 경우 저작권 침해로 볼 여지가 있으며, 특히 대량의 저작물을 학습하여 '유사한 결과물을 생성'하는 생성형 AI는 표현적 이용에 해당할 수 있으므로 이는 불공정 이용에 해당될 수 있다.

이렇듯 법리적 해석에는 논란의 여지가 있지만 대규모 AI 모델의 학습을 위해서는 계속해서 빅데이터가 필요하다. 이에 따라 저작물의 가치는 더욱더 귀중하게 여겨져야 하고, 이를 법적으로 보호할 필요성이 증가하고 있다. 이에 대하여 신용우 변호사는 다음과 같은 법령 근거에 따라 저작권법 등으로 저작물에 대한 보호가 가능할 것으로 보았다.•

> • 저작권법은 '데이터베이스'를 "소재를 체계적으로 배열 또는 구성한 편집물로서 개별적으로 그 소재에 접근하거나 그 소재를 검색할 수 있도록 한 것"으로 정의하고 데이터베이스의 제작 또는 그 소재의 갱신·검증 또는 보충

● 신용우. (2023). 생성형 AI 관련 저작권 쟁점과 대응 방안. 한국문화정보원. 문화정보 이슈리포트. 2023-2호(제42호). https://webzine.kcisa.kr/vol019

에 인적 또는 물적으로 상당한 투자를 한 자, 즉 '데이터베이스제작자'의 권리를 보호하고 있다(저작권법 제2조 제20호, 제93조 등).

- 부정경쟁방지 및 영업비밀보호에 관한 법률(이하 '부정경쟁방지법') 제2조 제1호 (카)목은 2022년 4월 신설된 새로운 형태의 부정경쟁행위로서 부정한 수단에 의한 데이터 취득 및 사용으로부터 데이터에 관한 권리를 보호하는 취지를 갖고 있다.

- 부정경쟁방지법 제2조 제1호 (파)목은 ① 그 밖에 타인의 상당한 투자나 노력으로 만들어진 성과 등을 ② 공정한 상거래 관행이나 경쟁질서에 반하는 방법으로 ③ 자신의 영업을 위하여 무단으로 사용함으로써 ④ 타인의 경제적 이익을 침해하는 행위를 부정경쟁행위로 규정하고 있으며, 상당한 노력에 의해 축적된 데이터의 무단 이용행위에 대하여 해당 조항으로 의율한 사례가 있다.

이와 관련하여 구글은 2023 I/O 행사를 통해 저작권과 관련하여 책임감 있는 AI를 강조하기 위한 기술적 대안을 내놓았다●●. 구글은 AI 모델이 학습하는 저작물에 대한 저작권 문제를 고려하여, 이미 워터마킹 시스템을 적용하여 AI 모델을 훈련하고 있다고 밝혔다. 그리고 생성형 AI가 제공하는 콘텐츠 출처와 원본 데이터의 확인이 가능한 워터마킹, 그리고 이에 대한 메타 데이터를 제공할 계획을 공개했다.

●● Google. (2023. 5. 11.). 구글 I/O 2023: 우리 모두에게 더 유용한 AI 만들기. Google 한국 블로그. https://korea.googleblog.com/2023/05/google-io-2023-keynote-sundar-pichai.html

오픈AI의 저작권 정책과 미래

챗GPT 제작사인 오픈AI사는 생성형 AI 관련 저작권 이슈에 대하여 어떤 입장일까? 챗GPT 이용약관에서는 사용자의 입력물(질문)과 출력물(답변)에 대한 모든 권리를 사용자에게 부여하고 있다. 이는 챗GPT의 제작자이자 서비스 제공자인 오픈AI가 사용자의 질의 사항 및 이로 인해 얻어지는 모든 결과물에 대해서 사용자에게 일체의 저작권을 부여한다는 의미다. 당사자 사이의 계약은 저작권법 강행 규정에 위반되지 않는 한 우선한다. 그렇다면 챗GPT 사용자가 입력물과 출력물에 대한 저작권을 취득한다고 인정하는 데 법적 문제가 없다.

현재 생성형 AI 업계를 선도하고 있는 오픈AI가 사용자의 저작권을 인정하고 제작사 스스로 저작권을 포기한 것은 매우 특별한 결단이다. 이에 따라 동종 업계의 AI 서비스 제공자들도 유사한 방향으로 운영될 것으로 예상된다.

다만 입법정책적인 측면에서 챗GPT와 같은 인공지능의 저작권을 인정하지 않고 일체의 법적 권리를 부인하는 것이 바람직한지에 대해서는 별도의 검토가 필요하다. 새로운 기술이 창조되면 그에 따라 저작권법은 저작권을 부여하거나 저작권에 유사한 권리를 부여해 왔다. 이러한 저작권법 역사에 비춰볼 때 인공지능에 저작권은 아니라고 하더라도 적어도 저작권과 유사한 저작인접권(Neighboring Right)을 인정하는 것은 필요해 보인다.

음반이 출현하면서 음반제작자의 저작인접권이 인정되었고, 공중에 대한 TV방송이 이루어지면서 방송사업자에 저작인접권이 인정된 것처럼 말이다. 산업 경제적 측면에서 저작인접권은 사회 전반적인 후생 증대와 기술 개발에 대한 유인 제공으로 기능할 수 있을 것이다. 저작권이 아니라 저작인접권 측면에서 접근한다면 기존 저작권 제도의 제한과 한계를 넘어 정책적, 경제적, 사회적 측면에서 보다 유연한 권리 인정이 가능하고 이를 통해 다양한 각계 의견들을 반영할 수 있을 것이다.

양극화 문제
: 초거대 기업의 독점

챗GPT가 기대 이상의 성과를 거두고 유료 버전의 상용화도 성공적으로 안착하였다. 이에 따라 글로벌 IT 회사들이 뛰어난 기술력을 기반으로 앞다투어 AI 서비스들을 재빨리 선보이며 생성형 AI는 기술의 트렌드를 이끄는 화두가 되었다. 여태껏 AI 산업 전반의 수익성에 의문을 품으며 AI 관련 투자를 머뭇거리던 시장 분위기도 크게 바뀌었다. 그 결과, 전쟁, 자연재해, 인플레이션 등 부정적 영향을 미칠 수 있는 요소들이 여전히 버티고 있음에도 불구하고 막대한 투자금이 AI 분야에 쏠리고 있다.

챗GPT라는 '게임 체인저'가 불붙인 이 방대한 시장의 잠재력에 비하면 구글과 마이크로소프트를 비롯해 현재 이 섹터를 이끌어 나가고 있는 기업의 수는 오히려 미미하게 느껴질 정도다. 생성 AI 시장 주도권을 잡기 위한 글로벌 빅테크 기업들의 움직임은 아주 분주해 보이지만 여전히 크고 작은 플레이어들이 진입해 볼 여지도 충분해 보인다. 이 시점에서 세계 AI 시장을 앞서 주도하고 있는 건 역시 챗GPT 탄생지인 미국의 기업들이다.

기술적 집약과 부의 쏠림이 몇몇 미국 기업들에 집중되고 있다는 것은 큰 문제다. 이런 양극화의 해법으로는 어떤 것이 있을까? 다소 정석적이지만 거대 기업의 독점 문제는 국가의 규제로 풀 수밖에 없다. 기업의 활동에 제한을 가하는 것이 갈수록 힘들어지기 때문에 새롭게 규제를 만들기보다는 기존에 공정거래법을 잘 활용할 필요가 있다.

다만 우리나라의 법은 우리나라 기업에만 효과가 미치는 만큼 외국 기업의 독점적 행태에 어떻게 대응할지에 대해서는 고민이 필요하다. 교육과 각종 서비스가 국가를 초월해서 제공되고 있기 때문에 앞으로의 교육 발전과 산업계의 발전까지 생각하여 현명한 해답을 찾아야 할 시점이다. 지금 이런 고민이 부족하면 국가 간 부의 불균형과 토종 에듀테크 기업들의 어려움이 심화되는 상황을 맞이할 수 있기 때문이다.

환경 문제
: AI도 물을 마시고 화석연료를 쓰고 온실가스를 배출한다

AI는 환경을 보호하는 동시에 악영향을 미친다. AI는 환경 파괴 문제가 완화될 수 있도록 다양한 해결책을 제시하며 인간의 자원 소비를 최적화하는 데 활용되고 있다. 그런데 이와 동시에 AI의 막대한 물과 전기 사용이 지구 환경을 위협한다. 생성형 AI는 거대한 데이터 모델을 참조로 하여 새로운 결과물을 만들어 낸다. 글로벌 IT 회사들은 경쟁적으로 생성형 AI 서비스 개발에 열을 올리고 있으며, 이 과정에서 더 많은 데이터와 연산 처리 능력이 요구된다. 이에 따라 데이터 센터의 전력과 물 소비량은 더 커질 것이다.

AI는 여전히 목마르다

AI가 만들어지고 작동되는 서버실은 섭씨 10~26도 사이를 유지해야 한다. 이를 위해 냉각탑에서 냉수를 증발시켜 온도를 유지하는데, 이 과정에서 엄청난 양의 물이 소비된다. 캘리포니아 리버사이드 대학교와 텍사스 알링턴 대학교의 연구원들은 〈AI의 목마름을 덜어 주는 방법(Making AI less "thirsty")〉이라는 논문을 통해 AI의 물 소비를 지적했다[*]. AI가 먹는 물을 계산하려면 물의 사용과 소비를 구분해야 한다. 물 사용은 강, 호수 또는 기타 수원에서 물리적으로 물을 가져오는 행위이다. 물 소비는 데이터 센터에서 증발로 인해 손실되는 물을 의미한다. AI의 물 사용량에 대한 연구는 주로 물 소비에 초점이 맞춰져 있는 편이다. 계산에 따르면 GPT-3는 질문 20~50개당 물 500밀리리터를 소비하는데 GPT-4와 같이 더 많은 매개변수에 의존하는 최신 모델에서는 물 요구량이 더욱 증가할 것으로 예상된다.

거대 언어 모델은 엄청난 양의 전기도 소모한다. 스탠포드 AI 보고서는 오픈AI의 GPT-3가 훈련 과정에서 502톤의 탄소를 배출한 것으로 추정하고 있다[**]. 대규모 언어 모델의 데이터 요구가 점점 더 커지고 있

[*] Li, P., Yang, J., Islam, M. A., &; Ren, S. (2023, April 6). Making AI less "thirsty": Uncovering and addressing the secret water footprint of AI models. arXiv.org. https://arxiv.org/abs/2304.03271

[**] Stanford University. (n.d.). Ai index report 2023 ? artificial intelligence index. Stanford University AI Index. https://aiindex.stanford.edu/report

는 상황에서 기업 스스로가 물과 전기 사용의 효율성을 높일 방법을 찾아야 하는 상황이다.

AI 구축 과정에서의 온실가스 배출

또한 전 세계 유수의 연구소 및 기업의 데이터 센터에서는 전력 소비량과 온실가스 배출량이 지속적으로 증가하고 있다. 매사추세츠 애머스트 대학의 연구에서는 초거대 AI 모델의 학습 과정에 자동차가 수명을 다할 때까지 배출하는 이산화탄소 배출량의 다섯 배에 가까운 626,000 파운드 이상의 이산화탄소가 배출된다고 밝혔다[*]. 이는 뉴욕과 샌프란시스코를 비행기로 300번 정도 왕복해야 발생되는 이산화탄소 양이다.

초거대 AI 모델이 만들어지는 과정에서는 엄청난 연산량이 요구되고 이를 위해 많은 전기 에너지가 소모된다. 이런 에너지를 만들어 내는 과정에서 발생되는 탄소 배출량도 높아질 수밖에 없다. GPT-3가 데이터 학습 과정에서 배출한 탄소량은 덴마크 가정 125가구가 일 년 동안 발생시키는 탄소량과 비슷했다고 한다[**].

[*] Hao, K. (2020, December 7). Training a single AI model can emit as much carbon as five cars in their lifetimes. MIT Technology Review. https://www.technologyreview.com/2019/06/06/239031/training-a-single-ai-model-can-emit-as-much-carbon-as-five-cars-in-their-lifetimes

[**] Ludvigsen, K. G. A. (2022, December 6). How to estimate and reduce the carbon footprint of machine learning models. Medium. https://towardsdatascience.com/how-to-estimate-and-reduce-the-carbon-footprint-of-machine-learning-models-49f24510880

AI 활용 과정에서의 온실가스 배출

이미 인류는 인터넷을 소비하며 대량의 온실가스를 배출하고 있다. 인터넷 소비는 전체 온실가스 배출량의 약 4%를 차지하고 있는데 인공지능과의 결합을 통해 필요한 기술 장치들의 수요가 5배 증가할 것으로 예상된다. 따라서 이로 인해 전 세계 온실가스 배출 수준도 높아지게 된다.

생성형 AI는 검색 엔진과 결합되며 앞으로 더 많은 양의 데이터를 처리하게 될 것이다. 인터넷상에는 수많은 정보가 존재하며 이를 적절히 처리해서 결과로 제공하려면 상당한 컴퓨팅 자원이 요구된다. 생성형 AI에게 한 번 질문을 할 때마다 계속 에너지가 소비되는 것이다. 그리고 이과정에서 발생하는 전력 소비는 전 세계 온실가스 배출량에 영향을 준다. 또한 생성형 AI가 사용자 맞춤형 서비스를 제공하면서 더 많은 데이터와 연산 처리가 필요하여 이 과정에서도 온실가스 배출량이 증가할 것이다.

데이터 센터의 화석 연료 사용

데이터 센터가 전력을 공급받는 대부분의 발전소에서는 화석 연료를 사용한다. 현재 전 세계 데이터센터의 전력 소비량은 전체의 약 1~2% 정도로 추정되지만 앞으로의 기술 발전에 따라 이 비율은 더욱 높아질 것이다. 이런 이유로 지속 가능한 에너지원의 사용이 더욱 절실하게 요구되고 있기도 하다. 일부 데이터 센터가 태양열이나 풍력 등 신재생 에너지를 사용하고 있지만 그 비율은 아직까지도 미미하다.

초거대 AI 모델이 발전할수록 앞으로 그 과정에서 배출되는 탄소량이 더 늘어날 수밖에 없다는 것이 문제다. 현재 AI 모델들이 경쟁적으로 개발되는 상황에서 효율적으로 컴퓨팅 리소스를 활용하고 전력 소모와 탄소 배출량을 줄일 수 있는 제반 기술 개발이 필요하다. 이러한 상황에 대응하기 위해 기업들은 에너지 효율을 높이기 위한 노력을 기울이고 있다. 데이터 센터의 냉각 시스템 개선, 에너지를 효율적으로 사용하는 장비 도입, 연산 프로세스 최적화 등 다양한 방법을 통해 전력 소비를 줄이려고 하고 있다. 또한, 온실가스 배출을 줄이기 위해 탄소 중립 목표를 세우고, 지속가능한 신재생 에너지의 도입을 확대하고 있다.

하지만 일부의 노력만으로 전 세계 온실가스 배출 문제를 해결하는 것은 역부족이다. 따라서 정부와 기업이 협력하여 더 나은 에너지 효율과 친환경적인 에너지 소비방안을 모색해야 한다. 사용자들 역시 에너지 효율과 온실가스 배출에 대해 인식하고 지속가능한 기술의 사용과 환경 보호에 대한 관심을 유지해야 한다.

교육 기관을 위한

생성형 AI 활용 가이드

유네스코 가이드

2023년 4월, 유네스코(UNESCO)는 전 세계적으로 이슈가 되고 있는
인공지능 도구인 챗GPT에 대하여 〈고등교육에서의 ChatGPT 및 AI
에 대한 빠른 시작 가이드(ChatGPT and Artificial Intelligence in Higher
Education − Quick Start Guide)〉를 발표했다•. 이 가이드에는 챗GPT를
시작하는 방법과 작동 원리를 설명하고, 고등교육에서 챗GPT를 어떻게
사용할 수 있을지를 설명한다. 그리고 고등교육에서 AI를 도입하는 것
과 관련된 교수·학습 및 평가를 어떻게 지원할 수 있는지 등의 주요 이
슈들, 그리고 윤리적인 함의들을 제시하고 있다. 유네스코 가이드의 주
요 내용은 다음과 같다.

● UNESCO. (2023). ChatGPT and Artificial Intelligence in Higher Education − Quick Start Guide.
  송은정 역. (2023). 고등교육에서 ChatGPT와 AI에 대한 빠른 시작 가이드. Paris: UNESCO.

- ChatGPT란 무엇인가?

- ChatGPT 시작하기

- 인공지능

- 고등 교육에서의 ChatGPT 적용: 교수 학습, 연구, 행정, 커뮤니티 참여

- 도전 과제 및 윤리적 함의: 학문적 진실성, 규제 부족, 개인 정보 보호 문제, 인지적 편향, 성평등 및 다양성, 접근성, 상업성

- 유네스코 AI 윤리 권고

- 고등 교육 기관에서의 ChatGPT 도입: 신중하고 창의적인 ChatGPT 사용, ChatGPT 이해 및 관리 역량 구축, AI 감사 실시

유네스코는 챗GPT가 이미 고등교육의 다양한 영역에 널리 적용되어 협업 코치, 소크라테스 토론 상대, 공동 디자이너, 동기 부여자 등 다양한 역할로서 활용될 수 있다고 소개한다. 연구 과정에서도 글쓰기, 연구 설계, 데이터 수집, 데이터 분석의 영역에서 활용 가능하며 행정 분야에서도 프로세스의 효율성을 개선하여 업무에 소요되는 시간을 줄일 수 있다는 점을 말하였다. 다만, 챗GPT가 제공하는 정보의 신뢰도를 평가하기 어려우므로 챗GPT 사용에 안전한 환경을 확인하는 것이 중요하다고 밝혔다.

유네스코는 챗GPT 사용 시 고려해야 하는 윤리적 함의로 학문적 진실성, 규제 부족, 개인 정보 보호 문제, 인지적 편향, 성평등 및 다양성, 접근성, 상업성 등을 이야기하였다. 그리고 챗GPT의 건강한 사용을 위해서는 윤리적으로 사용하는 것뿐만 아니라 학생들 개인 및 기관의 역량

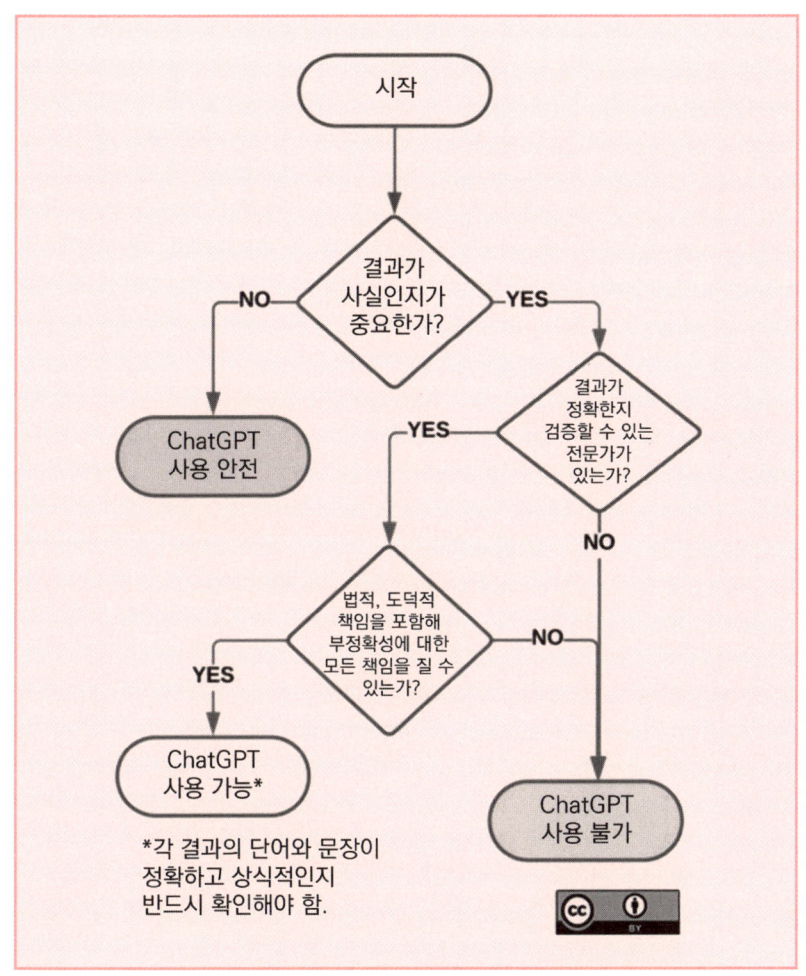

〔그림〕 ChatGPT는 언제 사용하는 것이 안전한가●

● UNESCO. (2023). ChatGPT and Artificial Intelligence in Higher Education – Quick Start Guide.
송은정 역. (2023). 고등교육에서 ChatGPT와 AI에 대한 빠른 시작 가이드. Paris: UNESCO.

을 위해 학습 경험을 제공하는 것이 필요하다고 밝혔다. 유네스코는 AI 는 빠르게 발전하는 분야이며 챗GPT뿐만 아니라 다른 형태의 AI가 갖 는 윤리적 함의들도 빠르게 진전하고 있다면서 이용자들에게 최신의 관 련 정보를 확인하고, 생성형 AI와 관련하여 신뢰할 수 있는 출처를 항상 확인하라고 권고하였다.

행정안전부 안내서

행정안전부는 공공부문에서 챗GPT를 올바르게 활용할 수 있도록 2023 년 5월, 중앙행정기관과 지방자치단체 약 300개 기관에 〈챗GPT 활용방 법 및 주의사항 안내서〉를 배포했다[*].

이 문서에서는 챗GPT를 공공에서 활용가능한 분야로 정보탐색능력 활용, 언어능력 활용, 컴퓨터능력 활용의 세 가지 분야를 제시하였다. 세 부 내용은 다음과 같다.

또한 공공부분에서 챗GPT 활용 시 주의사항으로는 챗GPT에 비공개 정보나 개인정보를 입력하지 말 것과 챗GPT가 생성한 답변을 사실여부 검증 없이 이용하지 말 것이라는 두 가지 사안을 권고하였다.

● 행정안전부. (2023). 챗GPT 활용방법 및 주의사항 안내서. https://www.mois.go.kr/frt/bbs/type010/ commonSelectBoardArticle.do?bbsId=BBSMSTR_000000000008&nttId=100278

1. 정보탐색능력 활용

- 기획 보고서 작성을 위한 아이디어 탐색
- 업무에 필요한 국내외 자료 조사

2. 언어능력 활용

- 보도자료, 인사말, 강의자료 등 대외 공개자료 초안 작성
- 언론기사, 논문, 보고서 등 외부자료 요약
- 해외사례 조사, 해외 홍보 등을 위한 언어 간 번역

3. 컴퓨터능력 활용

- 엑셀 등 응용프로그램 사용법
- 업무 자동화 프로그램 코드 생성도입: 신중하고 창의적인 ChatGPT 사용, ChatGPT 이해

국가정보원 보안 가이드라인

국가정보원은 챗GPT 관련 보안 문제를 사전에 예방하기 위해 2023년 6월, 〈챗GPT 등 생성형 AI 활용 보안 가이드라인〉을 공개했다^{●●}. 국가정보원은 챗GPT 같은 대규모 언어모델 등 생성형 AI 기술의 대표적 보안 위협으로 잘못된 정보, AI 모델 악용, 유사 AI 모델 서비스 빙자, 데이터 유출, 플러그인 취약점, 확장 프로그램 취약점, API 취약점 등을 꼽았다. 국가정보원이 제시한 보안 위협의 세부 내용은 다음과 같다.

●● 국가사이버안보센터. (2023). 챗GPT 등 생성형 AI 활용 보안 가이드라인. https://www.ncsc. go.kr:4018/main/cop/bbs/selectBoardArticle.do?bbsId=InstructionGuide_main&nttId=54340

[표] 대규모 언어모델 등 생성형 AI 기술의 대표적인 보안 위협

대표 보안 위협	주요 원인	가능한 보안 위협
잘못된 정보	· 편향 · 최신 데이터 학습 부족 · 환각 현상	· 사회적 혼란 조장 · 고위험 의사 결정 · 잘못된 의사 결정 유도
AI 모델 악용	· 적대적 시스템 메시지	· 피싱 이메일 및 인물 도용 · 사이버 보안 위협 코드 작성 · 대화형 서비스를 악용한 사이버 범죄 커뮤니티 활성화 · 사회 공학적 영향 · 가짜 뉴스 생성
유사 AI 모델 서비스 빙자	· 유사 악성 서비스 접근 유도	· 스쿼팅 URL 및 확장 프로그램 · 가짜 애플리케이션
데이터 유출	· 데이터 합성 과정의 문제 · 과도한 훈련 데이터 암기 문제 · 대화 과정에서 개인정보 및 민감 정보 작성	· 훈련 데이터 유출 · 데이터 불법 처리 우려 · 기밀 유출 · 대화 기록 유출 · 데이터베이스 해킹 및 회원 추론 공격
플러그인 취약점	· AI 모델의 적용 범위 확장 · 안정성 확인 미흡 · 해커 공격 범위 확장 · 취약점이 있는 서비스와 연결	· 새로운 도메인에서의 모델 오작동 · '에이전트'화 된 AI 모델의 악용 · 멀티모달 악용
확장 프로그램 취약점	· 확장프로그램 내부의 악성 서비스 설치 · 서비스 제공 업체의 보안 조치 미흡	· 개인정보 수집 · 시스템 공격 · 호스팅 서버 및 스토리지 시스템위협
API 취약점	· 미흡한 API 키 관리 · 데이터와 명령 사이의 불분명한 경계	· API 키 탈취 · 악의적인 프롬프트 주입

따라서 생성형 AI 기술을 안전하게 이용하기 위한 기본 지침으로 비공개·개인정보 등 민감 정보 입력 금지, 생성물에 대한 정확성·윤리성·적합성 등 재검증, 생성물 활용 시 지적 재산권·저작권 등 법률 침해·위반 여부 확인, 연계·확장 프로그램 사용 시 보안 취약 여부 등 안전성 확인, 로그인 계정에 대한 보안 설정 강화 등을 제시했다. 국가정보원이 제시한 AI 모델 및 관련 서비스 사용 가이드라인의 세부 구성은 다음과 같다.

〔표〕 AI 모델 및 관련 서비스 사용 가이드라인

가이드라인 주제	포함 내용
서비스 사용 주의사항	· 서비스 접근 · 계정 관리법
서비스와의 대화 시 주의사항	· 답변 검증(정확성 및 유해성) · 개인정보 및 민감 정보 처리 · AI 모델이 생성한 데이터 관리 · 책임감 있는 사용 · 업무에서 올바르게 AI 모델 활용하기(이용목적 및 협업)
AI 모델 플러그인 사용 주의사항	· 올바른 서비스 플러그인 사용 및 관리 · 개인정보 및 민감 정보 처리
AI 모델 확장 프로그램 사용 주의사항	· 올바른 서비스 확장 프로그램 사용 및 관리 · 개인정보 및 민감 정보 처리
AI 모델 생성기반 공격 대처 방안	· AI 모델 생성기반 공격 정의 · AI 모델 생성기반 공격 대처

국가정보원은 해당 보안 가이드라인을 참고하여 관련 서비스 잠재적인 위험을 최소화하고, 올바른 활용을 통해 업무의 효율성을 높일 수 있을 것으로 기대한다고 밝혔다.

교육부 가이드라인

교육부와 이화여대 미래교육연구소에서 개최하는 제8회 디지털 인재양성 100인 포럼에서는 〈생성형 인공지능 기술의 교육적 활용 가이드라인(안)〉이 공개되었다[*]. 이화여대 미래교육연구소장 정제영 교수는 교수자용 가이드라인, 학습자용 가이드라인, 교육적 활용 시 유의사항을 설명하고, 교육부의 최종 가이드라인이 발표 예정임을 밝혔다. 가이드라인에 제시된 생성형 AI의 교육적 활용 시 유의사항은 다음과 같다.

〔표〕 생성형 AI의 교육적 활용 시 유의사항

위험 요인	유의사항	대응 방안
· 빠른 정보 생성에 따른 의존도 심화	주도성	· 교수자와 학습자의 주도적 역할 강화 · 발표 및 토론 활성화
· 연령 제한 장치 부재	안전성	· 연령 가이드라인 준수 · 전문가 및 보호자의 지도 하에 사용
· 할루시네이션, 가짜뉴스, 잘못된 정보 제공	정확성	· 전문지식 활용, 교재 및 출처 확인

· 인공지능이 생성한 지식과 정보의 획일화	창의성	· 인간의 창의성과 존엄성 존중 · 인문학, 문화예술 교육 활성화
· 개인 정보 유출 우려	정보 보호	· 프라이버시 보호
· 표절, 저작권, 부정행위 발생 우려	책임성	· 사용자의 주체적 책임 · 윤리의식 함양
· 성, 인종, 문화적 차별에 대한 정보 생성	다양성	· 문화적 유연성 확보
· 교육 및 디지털 격차 · 무료와 유료 버전의 차이	공공성	· 디지털 격차 해소 및 활용 지원 · 특수교육 활용 확대

서울시교육청 가이드라인

서울시교육청은 챗GPT 활용에 관한 가이드를 담은 〈학교급별 생성형 AI 활용 지침〉을 제작했다. 서울시교육청은 챗GPT의 환각 현상 등 위험성을 지적하면서 챗GPT의 교육적 활용 지침을 학교급별로 체계적으로 제시하였다[**].

지침에 따르면 초등학생은 교사의 시연으로 챗GPT를 간접 체험할 수 있다. 그리고 교사의 추가 작업으로 안전성이 확보된다면 학생이 직접

● 이화여자대학교 미래교육연구소. (2023, July 21). 제8회 디지털 인재양성 100인 포럼. YouTube. https://www.youtube.com/watch?v=0RIpXxhMOyU
●● 서혜림. (2023, August 19). 서울 학생 챗GPT 가이드 생겼다…"보호자 동의하면 사용 가능". 매일경제. http://stock.mk.co.kr/news/view/207736

사용해 볼 수도 있다. 중학생은 부모나 법적 보호자의 허락을 받고 교사의 지도에 따라 수업 시간에 챗GPT를 사용할 수 있다. 고등학생은 부모나 법적 보호자가 동의한다면 학생이 직접 챗GPT를 사용할 수 있다. 만약 학교 프로젝트에 필요하다고 판단될 경우 고등학교에서는 챗GPT를 보조교사로 활용할 수 있다.

학교 수업에서 챗GPT와 같은 생성형 AI 프로그램을 활용하려면, 가정통신문 등을 통해 사전에 학부모 동의를 받아야 한다. 교사들은 챗GPT를 수업 연구에 활용할 수 있다. 그리고 수업 시간에 챗GPT를 활용할 경우, 학생들에게 생성형 AI의 원리와 한계점을 담은 언어모델 이해자료, 그리고 AI의 윤리적 사용 방법을 안내해야 한다. 또한 학생들은 교사의 적절한 지도 안에서 수업 시간에 챗GPT를 쓸 수 있지만, 시험이나 수행평가 시간에는 사용할 수 없다.

서울시교육청 지침은 학교에서 생성형 AI를 안전하고 효율적으로 사용할 수 있는 방법 그리고 언어모델 이해자료까지 포함하고 있다. 이에 따라 교육 현장의 혼선을 줄이고 교육자들에게 실질적인 도움을 주고자 했다.

고려대학교 가이드라인

고려대학교는 국내 대학 최초로 챗GPT 활용 가이드라인을 제정하여 발표하였다*. 기술의 확산을 막기보다는 이를 합리적으로 수용하고 AI를 이용해 능동적이고 참여적인 학습을 할 수 있도록 유도하겠다는 취지에서다. 가이드라인은 학습자의 생성형 AI 활용 권리 보장과 관련된 내용을 주로 담고 있다. 방대한 데이터에 접근하여 자료를 선별하는 시간, 문장과 이미지 등 콘텐츠 생성을 위한 노력 등 기존 교육방식에 요구되던 수고를 아낄 수 있는 기술적 수단이 있다면 이에 대한 적극 활용을 독려하겠다는 의미다.

다만 표절, 부정행위, AI 의존에 따른 비판적 사고 약화, 부정확하고 편향된 정보습득 등 생성형 AI의 활용에 따라 예상되는 부작용에 대해서도 언급하고 대책을 밝혔다. AI 윤리교육, AI가 대체할 수 없는 경험적 데이터 수집(인터뷰, 설문조사), 동료 및 교수자 피드백 반영 등이다. 또, 챗GPT가 부정확한 정보를 생산하는 경우도 있기 때문에 챗GPT의 오류를 지적하고 자체적으로 확보한 정보의 소스를 비교하는 등 학생의 비판적 사고 능력을 개발할 수 있도록 유도할 계획이다. 또한 개별 수업의 교수자는 AI 활용 허용 여부를 최종 결정하고, 강의계획서에 생성형 AI 활용 원칙을 명시하고 학생에게 명확하게 전달해야 한다.

중앙대학교 가이드라인

중앙대학교는 생성형 AI의 교육활용과 관련하여 활용 옵션, 교수자용

● 동아일보. (2023. March 16). "챗GPT 잘 활용하는 인재 길러야" 고려대, 국내 대학 최초 '챗GPT' 가이드라인 내놔. 동아일보. https://www.donga.com/news/Society/article/all/20230316/118368855/1

가이드라인, 학습자용 가이드라인, 공통 가이드라인 등 상세한 안내를 제시하고 있다. 내용은 기술 및 교육환경의 변화에 따라 지속적으로 업데이트 될 예정이다. 2023년 4월의 가이드라인을 기준으로 세부 내용은 다음과 같다*.

> 〉 생성형 AI의 활용 옵션
> 교수자는 생성형 AI 활용과 관련하여 다음 3가지 옵션 중 하나를 선택하여 강의계획서에 관련 내용을 명시하도록 권고한다.
>
> **옵션 1) 생성형 AI 사용금지**
> · 수업 활동, 과제 및 시험 등 학습의 전 과정에서 어떠한 생성형 AI도 사용을 금지한다.
> · 교수자는 학습자에게 학습 목표나 추구하는 가치 등을 포함하여 생성형 AI 활용을 허용하지 않는 이유에 대해 설명한다.
> · 이 옵션을 선택할 경우, 학습자가 수업활동이나 과제 등을 수행하는 데 생성형 AI를 사용할 시 부정행위로 간주한다.
>
> **옵션 2) 교수자의 사전 승인 또는 출처 표기 후 생성형 AI 사용 가능**
> · 학습자는 교수자의 사전 허락을 받고 수업활동이나 과제 등에 생성형 AI를 사용할 수 있다. 이 경우 학습자는 과제물이나 수업 활동 중 생성형 AI를 언제 어떻게 사용했는지 그 이유와 사용 목적을 설명하고 명시한다.

● 중앙대학교. (n.d.). 생성형 AI 활용 가이드라인. https://www.cau.ac.kr/cms/FR_CON/index. do?MENU_ID=2730

- 교수자는 학습자에게 사용 가능한 생성형 AI, 활용 가능 범위, 주의사항 등에 대해 설명한다.
- 학습자는 수업활동이나 과제 등을 수행하는 데 생성형 AI의 사용에 대한 출처를 명확히 표기할 경우, 교수자의 사전 승인 없이도 생성형 AI를 사용할 수 있다. 이 경우 학습자는 프롬프트 실행 날짜와 프롬프트 내용(스크린 샷 가능), 생성된 결과물(스크린 샷 가능), 사용한 생성형 AI 유형 등을 명시한다.

  출처 표기 (예)
  - 텍스트 생성형 AI를 활용한 경우 (예) : ChatGPT3.5(2023. 04. 20). "프롬프트 내용." OpenAI의 ChatGPT3.5를 이용하여 생성 또는 작성함. https://chat.openai.com/
  - 이미지 생성형 AI를 활용한 경우 (예) : Stable Diffusion (2023. 04. 20). "프롬프트 내용." Stable Diffusion 온라인을 이용하여 생성 또는 작성함. https://stablediffusionweb.com/

옵션 3) 자유롭게 생성형 AI 사용 가능

- 수업활동이나 과제를 수행하는 데 어떤 제약도 없이 생성형 AI 사용이 가능하다.
- 이 경우 학습자가 생성형 AI를 활용한 부분을 과제에 명시할 필요가 없으며, 자유롭게 활용 가능하다.
- 교수자는 생성형 AI 활용의 장/단점 등에 대해 학습자에게 언급할 것을 권고한다.
- 이 경우 수업과정에서 제시하는 과제는 가능한 한 비판적 분석과 창의적인 사고력을 필요로 하는 주제로 구성한다.

  가능한 한 온라인 시험이나 과제는 지양하고 오프라인 시험이나 구술 시험(Oral test)을 권고한다.

- 과제나 수업 활동 관련 전체 결과물을 생성형 AI를 활용하여 산출 후 그대로 제출할 경우 부정행위에 해당될 수 있다.

> 교수자 및 학습자 공통 가이드라인
- ChatGPT를 포함한 생성형 AI의 기본적인 원리를 이해하고, 장단점을 파악한다.
- 생성형 AI를 활용하여 고품질의 결과를 도출하기 위하여 프롬프트 활용 방법을 숙지한다.
- 급격히 발전하는 생성형 AI를 올바르고 정확하게 사용하기 위해 새로 업데이트 되는 내용과 최신 동향을 파악한다.
- 생성형 AI가 도출한 결과물을 맹목적으로 신뢰하지 않고, 신뢰성 있는 정보원을 통해 재확인한다.

> 교수자용 가이드라인
- 교수자는 수업과정에서 생성형 AI의 사용여부를 최종 결정한다.
- 수업에 적용되는 생성형 AI 활용에 대한 지침을 강의계획서에 명시한다.
- 필요 시 학습자에게 사용 가능한 생성형 AI 목록을 제공한다.
- 생성형 AI 탐지 도구(Detection Tools)의 한계를 인지한다.
- 학습자에게 수업 활동이나 과제의 목적, 의미와 가치를 AI 활용 여부와 연계하여 설명할 것을 권고한다.
- 학습자에게 생성형 인공지능의 장점과 한계점을 설명할 것을 권고한다.
- 학습자에게 생성형 AI 활용과 관련된 표절이나 부정행위의 범위를 설명할 것을 권고한다.

> 학습자용 가이드라인
- 생성형 AI를 이용한 결과물의 진실성에 대한 책임은 학습자에게 있음을

인지한다.

· 생성형 AI를 활용한 결과물에 대해서 사실여부를 확인하는 절차를 거친다.

· 수업활동이나 과제물에 대해 생성형 AI 활용 여부 등과 관련하여 교수자가 제시한 지침을 숙지한다.

· 강의계획서에 명시된 지침 또는 교수자가 별도 제시한 지침을 준수하지 않거나 생성형 AI를 부적절하게 사용한 것으로 판단될 시, 부정행위로 간주될 수 있음을 인지한다.

생성형 AI 부적절한 사용 (예)

· 생성형 AI의 답변을 본인이 작성한 것처럼 표기한 경우

· 생성형 AI 사용 시 사용 여부를 표기하지 않은 경우

· 생성형 AI 사용이 전면 금지된 수업에서 사용한 경우 등

Hello! how can i assist you today?

Part
4

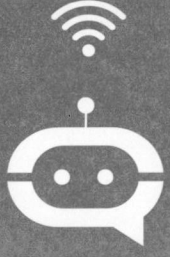

생성형 AI 시대,
미래역량과 미래교육

: 어떤 아이로 어떻게 길러야 할까

생성형 AI 시대의 역량

사라지는 직업, 양극화되는 일자리

기술의 발전과 일자리 창출

생성형 AI가 등장하며, 위협을 받는 일자리와 새롭게 창출되는 일자리는 무엇이 있을까? 기술이 점점 자동화되어 갈 때마다 사람들은 자동화된 기계에게 일자리를 빼앗길지도 모른다는 불안에 시달렸다. 하지만 새로운 기술은 새로운 일자리를 창출해 내므로 전체적으로 보면 기계의 생산성 향상이 곧 인간의 일자리 축소를 의미한다고 여기기는 어렵다. 기술의 발전은 아이디어를 실현할 수 있는 가능성을 열어 주고 경제를 확장시켜서 더 많은 새로운 기회를 창출한다. 19세기 초반, 산업혁명의 태동기에 기계의 출현은 노동자들에게 일자리가 사라질 수도 있다는 공포를 불러왔고 이 공포는 기계를 파괴하는 러다이트(Luddite) 운동으로 확산되었다. 하지만 파괴적인 기술이 도입되고 일정한 시간이 지나면 시장이 혁신적인 기술을 중심으로 재편되고 일자리도 늘어난다. 자동차가 등장했을 때 단기적으로는 말과 마차에 대한 일자리들은 고용이 축소되었다. 하지만 장기적으로 보면 자동차는 산업과 경제 전반에 수없이 많은 수요와 고용을 창출했다.

AI로 대체되는 일

생성형 AI 시대를 맞이하여, 우리는 인공지능이라는 훌륭한 비서와 공존하며 일자리와 삶을 더욱 풍요롭게 만들 준비를 해야 한다. 우리 주변에서 단순한 노동들은 이미 기계가 하고 있다. 그렇다면 챗GPT 시대에 지식 노동의 세계는 어떻게 변화될 것인가? 챗GPT는 맥락을 파악하여 자연스럽게 대화를 나누고 복잡한 요구사항들도 처리 가능하다. 챗GPT-3.5는 지능지수 147을 보유하였고 470GB의 텍스트 데이터를 학습했다. 전문적인 지식 수준을 판단하는 시험들에서도 속속 합격해 나가고 있다.

미국 변호사 시험(BAR in US): 50.3% 정답률로 합격 수준 도달 (2022.12.29.)[*]

미국 의료면허 시험: 모든 과목에서 60% 정답률로 합격 수준 도달 (2022.12.20.)[**]

[*] Bommarito II, M., & Katz, D. M. (2022, December 29). GPT takes the bar exam. arXiv.org. https://arxiv.org/abs/2212.14402

[**] Kung, T. H., Cheatham, M., ChatGPT, Medenilla, A., Sillos, C., Leon, L. D., Elepa?o, C., Madriaga, M., Aggabao, R., Diaz-Candido, G., Maningo, J., & Tseng, V. (2022, January 1). Performance of chatgpt on USMLE: Potential for AI-assisted medical education using large language models. medRxiv. https://www.medrxiv.org/content/10.1101/2022.12.19.22283643v1

아마존 웹 서비스 자격증 시험: 80% 정답률로 합격 수준 도달,
(2022.12.8.)•••
Wharton(UPenn) MBA 학위 시험: B/B−로 합격 수준 도달
(2023.1.22.)••••

이처럼 생성형 AI는 전문적인 지식을 제공하는 직무 영역에서도 인간의 수준에 어느 정도 도달했다. 과거에는 반복적이고 귀찮은 일들이 기계를 통해 자동화되는 정도였지만 생성형 AI는 좀 더 지능적으로 업무를 도와준다. 이제 전문 지식 노동자의 영역에서까지 생성형 AI가 사람에 준하는 업무 보조의 역할을 해 줄 수 있게 되었다. 전문적인 지식을 학습하여 새로운 아이디어를 생성하거나, 업무와 관련된 초안 자료를 작성하는 일들은 이미 거의 모든 영역에서 보조할 수 있다.

챗GPT를 개발한 오픈AI의 연구진은 챗GPT가 노동 시장에 미치는 파급 효과를 분석한 리포트를 공개했다. 연구 결과에 따르면, 미국 노동자의 약 80%가 거대언어모델의 도입으로 인해 그들의 직무에 적어도 10% 수준의 영향을 받으며, 약 19%의 노동자는 적어도 50% 수준의 영

••• Stephane Maarek. (2022, December 8). OpenAI CHATGPT is now an AWS certified cloud practitioner! this is crazy??it attempted 20 questions of my AWS certified cloud practitioner practice exams,the results are bluffing!!!final score: 800/1000; a pass is 720 pic.twitter.com/g7ecxiwc8j. Twitter. https://twitter.com/StephaneMaarek/status/1600864604220964871
•••• Needleman, E. (2023, January 24). Would chat gpt get a Wharton Mba? New White Paper by Christian Terwiesch. Mack Institute for Innovation Management. https://mackinstitute.wharton.upenn.edu/2023/would-chat-gpt3-get-a-wharton-mba-new-white-paper-by-christian-terwiesch/

향을 받을 수 있다고 했다[*].

이제는 전과 다르게 밀도가 높고 세부적인 지식을 요구하는 업무들도 인공지능의 도움을 받아서 수행할 수 있게 되었다. 따라서 생성형 AI 시대에 정신적인 분야에서 자동화가 가능한 직종들은 위협을 받는다. 생성형 AI는 작가, 프로그래머, 마케터, 고객 상담원, 물류 관리자 등의 화이트칼라 직종에서도 사람보다 빠르게 직무를 수행할 수 있다. RPA(Robotic Process Automation)로 자동화가 가능한 단순 사무직의 역할들은 AI로 더 빠르게 대체될 수 있다.

인간이 더 잘하는 일

하지만 모든 지식 노동의 영역이 챗GPT로 대체되지는 않을 것이다. 생성형 AI는 우리의 일자리를 대체하는 것이 아니라 우리의 가장 '지루한 일'들을 대체할 것이다. 생성형 AI는 정확한 결과물을 만들어 낸다기보다는 자연스러운 결과물을 만들어 내는 인공지능이다. 따라서 모든 업무를 100% 인공지능에 맡길 수는 없다. 생성형 AI는 초안을 만들고 이것을 최종 결과물로 만들고자 하는 사람의 손이 개입될 것이다. 생성형 AI는 정확한 결과를 보장하지 않고, 우리의 업무 환경은 신뢰를 지키고 책임을 다할 수 있는 인재를 원한다. 그리고 챗GPT는 아직까지도 사람이 쉽게 해내는 직감적인 반응, 그리고 비언어적인 맥락의 이해에서는 부족

● Eloundou, T., Manning, S., Mishkin, P., & Rock, D. (2023, March 23). GPTs are gpts: An early look at the labor market impact potential of large language models. arXiv.org. https://arxiv.org/abs/2303.10130

함을 보인다.

세계적인 개발자 커뮤니티 스택오버플로우(Stack Overflow)는 프로그래머를 AI로 대체하는 것이 쉽지 않은 이유에 대하여 〈소프트웨어 개발의 가장 어려운 점은 코딩이 아니라 요구사항이다(The hardest part of building software is not coding, it's requirements)〉라는 글을 통해 설명했다[**]. 많은 사람들이 생성형 AI가 프로그래머를 대체할 거라고 이야기하지만 소프트웨어 개발에 있어 가장 어려운 부분은 코딩이 아니라 요구사항을 명확하게 정리하는 것이라는 점이다. 스택오버플로우는 "결국 AI는 소프트웨어를 만들 수 없고 코드만 만들 수 있다."고 언급했다.

지금까지 AI는 체스와 같이 한정적이고 규칙이 명확한 영역에서 성공적인 모습을 보였다. 그런데 소프트웨어를 만들고 유지하는 것은 체스보다도 운전과 더 비슷하다. 그 과정에는 수많은 변수들이 있고 그때그때 상황에 따라 판단이 요구된다. 소프트웨어를 만들 때 원하는 결과가 있겠지만 그것이 체스처럼 단순하지가 않다. 체스는 이기거나 지면 끝이지만 소프트웨어는 완료라는 게 없다고 봐도 과언이 아니다. 소프트웨어 개발은 계속 기능이 추가되고 버그가 수정되는 지속적인 과정이다.

그리고 프로그래머들은 거의 매번 불분명한 요구사항이 담긴 문서들을 건네받아서, 실제 개발 과정에 이르기까지 최적의 판단을 내려야 한다. 설상가상으로 그 요구사항은 계속 변하기도 하고, 때로는 구현 불가

●● Stack Overflow. (2023. June 26). The hardest part of building software is not coding, it's requirements. The Overflow.

능한 요구사항도 있다. 이런 상황들에 대하여 AI가 과연 제대로 대응할 수 있을까?

AI가 기능적인 소프트웨어를 만드는 것이 가능하려면 사용자가 원하는 것을 제대로 알고 이것을 명확하게 정의할 수 있어야 한다. 지난 10여 년 간 소프트웨어 산업계는 워터폴 방식에서 애자일 방식으로 전환해 왔다. 기존의 워터폴 방식에서는 모든 요구사항을 문서화해서 요청할 수 있다고 생각했지만 최종적인 결과들은 매우 실망스러웠다. 그래서 이에 대한 해결책으로 애자일이 등장했다.

물론 AI는 기존의 소프트웨어를 최신 하드웨어에 맞게 새로운 언어로 재작성하는 데 적합할 수 있다. 오래된 프로그래밍 언어를 사용하는 곳은 아직 많을 수 있지만 그 언어를 새로 배우는 사람은 거의 없기 때문이다. 따라서 AI는 이미 만들어진 프로그램을 사람보다 더 빠르게 변환해서 만들어 낼 수 있지만, 그것은 사람이 이미 프로그램이 어떻게 만들어져야 할지를 고민했기 때문이다. 즉 AI는 놀라운 일을 바르게 할 수 있지만 사람의 마음을 읽거나 사람이 원하는 것을 말해 주지는 않는다.

따라서 생성형 AI 시대에 프로그래밍 과정에도 여전히 사람의 마음을 구현하는 소통이 중요하고 인간 프로그래머의 역할은 계속해서 존재할 것이다. 그리고 생성형 AI를 잘 활용하는 프로그래머는 업무의 효율성을 높이고 더 창의적인 결과물을 만들어 낼 수 있을 것이다.

챗GPT가 우리의 직업 세계를 변화시킬 것이라는 점은 거의 정해졌다. 그렇지만 우리의 경쟁자는 챗GPT가 아니다. 우리가 누군가와 경쟁해야 한다면 상대는 '챗GPT를 잘 활용하는 인간 동료'다. 챗GPT와 같은 생성형 AI를 활용하여 기본적인 업무 생산성을 높이고 사람의 신뢰와 감성이 묻어 있는 프리미엄 콘텐츠를 만들어 내는 것이 결국은 높은 부가가치를 만들어 낼 것이다. 앞으로는 모든 직무 영역에서 인공지능에 대한 이해를 바탕으로 인공지능을 도입하여 그 작업들을 감독하고 검수하는 일이 중요해질 것이다. 그러므로 챗GPT와 같은 인공지능 기술의 최신 동향을 파악하여 적극적으로 업무에 반영하고, 사람만이 해낼 수 있는 역할과 가치들에 더 힘을 실을 필요가 있다.

AI로 인한 일자리 양극화

메커니컬 터크

기술의 발전으로 인해 사람이 할 수 있는 대부분의 일을 기계가 대신하게 되었다. 하지만, 인공지능이 발달한 고도의 과학기술의 시대에도 여전히 사람만이 할 수 있는 일이 있다. 이러한 일들을 HIT(Human Intelligence Tasks)라고 한다. HIT는 인간의 지능이 필요한 일들을 말한다. 예를 들어 강아지가 있는 사진을 분류한다든지 사진 속의 사람이 웃고 있는지를 구분해 내는 일이다. 이는 사람이 하기에는 쉽지만 컴퓨터에게는 꽤나 어려운 일이다.

기술이 계속해서 발전하고 있지만, 인간이 컴퓨터보다 훨씬 더 효과적으로 할 수 있는 일들은 여전히 많다. 이미지 인식이나 음성 인식 등의 분야에서 딥러닝이 수많은 데이터를 학습했다고 하더라도 여전히 사람의 감각을 따라잡기에는 역부족이다. 인공지능을 모델링하고 활용하는 일은 비용이 꽤 많이 드는데 인터넷 인력 시장을 활용하면 고품질의 분류 작업을 값싸게 해낼 수 있다.

아마존은 인공지능으로 대체하기 어려운 일들을 인간에게 아웃소싱하는 플랫폼을 열고 이름을 메커니컬 터크(Amazon Mechanical Turk)로 지었다•. 크라우드 소싱(Crowd Sourcing) 방식의 인터넷 인력 시장인 메커니컬 터크의 이름은 18세기에 만들어진 체스 기계의 이름을 따온 것이다.

1769년 켐펠렌(Wolfgang von Kempelen)은 오스트리아의 마리아 테레사(Maria Theresa) 황후를 위해 신기한 기계를 발명했다. 이 기계에는 튀르크인 복장을 한 목각 인형이 커다란 체스판 앞에 앉아 있었다. 캠펠렌은 기계의 뚜껑을 열어서 복잡한 톱니바퀴 장치들을 보여 주고 그 안에 사람이 들어 있지 않다는 것도 확인시켜 주었다. 그리고 관객을 무대로 불러서 기계와 체스 대결을 하게 했다. 기계는 자연스러운 동작으로 체스를 두기 시작한다. 그리고 모든 도전자들을 이겨 버렸다!

이 기계는 '튀크르인을 닮은 기계'라는 뜻에서 메커니컬 터크(Mechanical Turk)라고 불리게 된다. 이 천하무적 체스 기계는 나폴레옹과도 대국을 하며 유명세를 이어 갔다••. 당시 메커니컬 터크가 어떻게 체스를 두는지에 대하여 악마의 영혼이 깃들어 있다는 등 사람들의 온갖 추측이 난무했다. 이 기계는 자동으로 체스를 두는 것처럼 보였지만 사실은 체스를 잘 두는 사람이 기계 안에 숨어서 기계를 조작하고 있었다.

● 참고: Amazon. (n.d.). Amazon Mechanical Turk. https://www.mturk.com
●● Standage, T. (2002). The Turk: The Life and Times of the famous eighteenth-century chess-playing machine. Walker & Co.

일자리 양극화의 시대

AI가 사람의 일자리를 잠식할 것이라는 우려는 계속되어 왔고, 우리는 분명히 그 지점을 경계해야 한다. 그렇지만 아직까지는 없어지는 직업보다 생겨나는 직업들이 더 눈에 띈다. 다만 그 직업의 세계는 양극화되었다.

인공지능 개발 인력의 수요가 커지며 수학과 컴퓨터과학 분야의 석박사급 인력 채용이 활발해졌다. 그러나 인공지능을 만드는 데에는 이런 고학력자들 이외에도 상대적으로 간단한 일을 처리해 주는 작업자들이 많이 필요하다. 사진 속 물체가 무엇인지 최초에 이름표를 붙이는 데이터 라벨링(Data Labeling) 작업은 사람이 하는 것이 손쉽기 때문이다. 인공지능이 아무리 물건들의 특징을 분류해 낼 수 있다고 해도 맨 처음에 그 이름이 무엇인지는 사람이 알려 줘야 한다.

종이 봉투를 붙이거나 인형에 눈을 붙이는 일이 대표적인 저임금 노동으로 일컬어져 왔다면 이제는 컴퓨터 앞에서 사진 속 물체들의 이름을 입력하는 일도 그 자치를 차지하게 되었다. 실제로 인도나 중국에서 수많은 사람들이 이런 일을 하고 있다. 인공지능의 학습에 필요한 데이터의 분류, 그리고 인공지능이 생성하는 콘텐츠에서 부적절한 부분을 찾아내고 피드백을 주는 영역 등에서 여전히 사람의 손길이 필요하다. 인공지능이 일상화된 미래에 인간의 일자리는 여전히 존재한다는 근거다.

그렇지만 많은 비중의 일들이 인공지능의 부족한 부분을 값싸게 채워주는 숨은 일자리가 되었다. 그리고 이는 '플랫폼 노동' 또는 '유령 노동' 등의 개념으로 이슈화되고 있다. 인공지능으로 편리한 서비스를 제공받는 사회의 이면에 수많은 저임금 노동자들의 작업이 숨어있기 때문이다.

아마존 메커니컬 터크와 같은 서비스는 인공지능이 하기 어려운 일에 대해 금액을 제시하고 그 금액을 수용하는 사람을 연결해 준다. 제시된 단가는 경쟁에 의해 최저입찰 방식으로 결정되므로, 나보다 더 싼 노동력을 제공할 수 있는 지원자가 나타나면 더 값싼 사람으로 일자리가 대체된다. 그리고 전 세계를 대상으로 지원자를 모집하므로 특정 지역의 인건비 수준으로 임금이 묶이게 된다.

이렇게 인공지능으로 발생되는 일자리는 양극화의 양상을 보이게 되고, 자본과 기술력을 가진 거대 기업과 단순 노동자들의 격차는 점점 벌어질 수밖에 없다. 인간은 노동 시장에서 퇴출당하더라도 사라질 수 없고 사회 주변부를 떠돌게 된다. 인간이 AI와 협력하여 일하는 사회에서, 사회 구성원들의 존엄성과 노동의 가치를 지키는 방안을 고민하는 것이 향후 인류의 주요 과제가 될 것이다.

챗GPT 질문의 기술
: 세 가지 기본 기법

챗GPT는 질문에 답하는 인공지능이다. 챗GPT와 함께하는 상황에서는 질문이 똑똑해질수록 답도 똑똑해진다. 이런 시대에는 IQ보다 중요한 것이 GQ(GPT Quotient)이다. 예전에는 정보를 빠르게 검색하여 답을 큐레이션하는 능력이 중요했다. 하지만 챗GPT의 시대에는 구체적인 질문을 통해 풍부한 결과물을 얻어내고 이를 정확하게 정리해내는 능력이 중요해진다. 질문을 잘 활용하면 창의적인 아이디어들을 빠르게 얻을 수 있고, 더 깊은 인사이트를 도출해 낼 수 있다. 그래서 GQ는 사람과 인공지능을 연결하는 중요한 역량 지표로 인식될 것이다.

질문의 기술 수준: 프롬프트 엔지니어링의 보편화

챗GPT가 기업들에 확산되면서 챗GPT에 효과적으로 명령을 내려서 좋은 결과를 얻어내는 '프롬프트 엔지어링(Prompt Engineering)'이 주목받고 있다. 생성형 AI에서 프롬프트(Prompt)는 거대 언어 모델로부터 응답을 얻어내기 위해 질문하는 입력값을 의미한다. 챗GPT와 같은 대화형 인공지능은 사람과 대화하듯이 질문을 통해 상호작용할 수 있도록 마련된 서비스다. 그래서 응답을 얻어 내기 위한 프롬프트도 자연어의 형식을 따른다. "인공지능을 처음 정의한 사람은 누구야?"라는 간단한 질문도, 생성형 AI에게는 실제로 동작하는 프롬프트가 된다.

그동안 우리는 검색 엔진에서 더 정확한 검색 결과를 얻기 위해, 다양한 방법들을 활용해 왔다. 검색 서비스들에서 지원하는 고급 검색 기능을 이용하거나, 검색 엔진이 지원하는 연산자를 조합하여 검색창에 입력하기도 했다. 이처럼 원하는 결과물을 빠르고 정확하게 얻어 내기 위한 요청은 챗GPT 시대에도 필요하다.

이는 챗GPT로부터 더 좋은 결과를 빠르게 얻어낼 수 있도록 프롬프트를 최적화하는 작업으로 이어진다. 프롬프트 엔지니어링은 거대 언어로부터 높은 품질의 응답을 빠르게 얻어낼 수 있도록 프롬프트 입력값의 형식과 조합을 찾는 작업을 의미한다.

챗GPT에서는 프롬프트에 어떤 문구를 입력하는지에 따라 결과의 품질이 달라진다. 챗GPT에 좋은 질문을 던지는 기법 세 가지를 소개하면 다음과 같다.

[기법 1] 육하원칙: 맥락을 넣어서 구체적으로 질문한다.

챗GPT는 구체적으로 물어볼수록 적절하고 풍부하게 답한다. 질문에 쓰인 모든 단어를 고려해서 답을 주기 때문이다. 내가 질문을 하게 된 상황적 맥락을 상세하게 제시하면서 물어보면 더 좋은 답을 얻어낼 수 있다.

예를 들어 육하원칙인 '왜, 무엇을, 언제, 어디에서, 누구에게, 어떻게'를 넣어서 물어보면 더욱 적절한 답을 생성해 준다. 질문에 몇 가지까지 알려 줬으면 좋겠다고 숫자를 넣어도 좋다. 상황극을 하듯이 챗GPT에게 역할(페르소나; Persona)을 부여하여 물어볼 수도 있다. 예를 들어 "기상 캐스터로서 한국의 미세먼지 상황에 대해서 알려줘."라고 물어보면 해당 역할의 입장에서 더 자세하게 답해 준다.

[기법 2] 변화: 조금 다르게 물어본다.

챗GPT가 한 번에 만족스러운 답을 주지 못할 수도 있다. 이럴 때는 인내심을 가지고 질문을 조금 변형해서 다시 한번 질문을 해 볼 필요가 있다. 챗GPT는 지금 현재도 성장 중이기 때문에, 답변에는 일부 오류나 부정확한 부분이 있을 수 있다. 그렇지만 챗GPT는 다른 인공지능들과 다르게, 하나의 채팅장 안에서 주고받았던 대화를 기억하고 그 흐름을 이어 나간다. 그렇기 때문에 인내심을 가지고 표현과 관점을 조금씩 다르게 해 나가면 질문을 이어 나가 보면 보다 만족스러운 답을 얻을 수 있다.

[기법 3] 윤리: 올바른 질문을 한다.

오픈AI는 챗GPT가 정치적, 차별적, 혐오적인 내용에는 답변하지 않도록 하는 AI 윤리규정을 설정해 두었다. 그런데 일부 상황에서 문제는 인공지능으로부터가 아니라, 그것을 활용하는 사람으로부터 발생된다. 어떤 사람들이 챗GPT에게 윤리적 논란이 일어날 만한 답변을 유도하곤 한다. 온라인상에서는 이미 '탈옥(Jailbreak)' 또는 '우회(Bypass)'라는 이름으로 챗GPT에게 악의적인 답변을 유도하는 질문법이 공유되고 있다. 인공지능 서비스의 가치와 윤리성에 대해서는 설계에서부터의 고려와 무결성도 중요하게 작용하지만 더 많은 부분은 그것을 사용하는 사람들이 어떤 목적으로 어떻게 사용하는지에 따라 결정된다. 우리는 윤리적으로 문제가 되는 대화를 챗GPT에게 시도하지 말아야 한다. 챗GPT에게 개인정보와 같은 민감한 정보를 요청하거나 챗GPT를 활용하여 법적으로 금지된 또는 불법적인 활동을 수행하는 일이 벌어지지 않도록 관련 윤리 규정을 수립하고 이에 대한 교육이 활발히 진행해야 할 것이다.

지금 프롬프트 엔지니어링이 주목받는 이유는 두 가지 때문이다. 첫째, 초창기의 인터넷 검색이 그랬던 것처럼 프롬프트에 입력하는 문구를 최적화하는 것이 아직은 많은 사람들에게 낯설기 때문이다. 둘째, 생성형 AI를 만든 제작사조차도 어떤 질문에 따라 어떤 대답이 나오는지 그 과정을 명시적으로 설명하기 어렵다. 첫 번째 지점은 사람들이 프롬프트 엔지니어링에 익숙해지면 자연스럽게 해결이 될 것이다. 두 번째 지점은 인공지능 스스로 내부적인 원리를 사용자들에게 규명해 줄 수 있는 설명 가능한 인공지능(Explainable AI) 기술이 고도화되는 것으로 해결될 수 있다.

인터넷 초창기에 '정보검색사'의 열풍이 불었던 것을 기억해 보자. 그러나 인터넷이 대중화되면서 정보검색사라는 직업은 사라지게 되었다. 누구나 인터넷으로 정보를 찾게 되면서 정보 검색 행위가 특별한 직업이 될 수는 없었던 것이다. 프롬프트 엔지니어링도 결국은 모든 사람들이 인공지능을 활용하는 기본적인 스킬로 자리 잡을 것이다.

질문의 지식 수준: 제대로 묻기 위한 핵심 지식 필요

생성형 AI 시대에는 제대로 묻지 못하면 제대로 답을 얻을 수 없다. 그리고 좋은 질문은 내가 궁금한 것이 무엇인지 정확하게 파악하는 것에서부터 출발한다. 즉, 내가 알고자 하는 것이 무엇인지 스스로 메타인지가 되어야 하고 그것에 대한 핵심 지식이 기본적으로 형성되어 있어야 제대로 된 질문을 할 수 있다.

우리가 핵심 지식을 어느 수준까지 갖추어서 질문하고 있는지를 판단하는 데는 '블룸의 교육 목표 분류(Bloom's Taxonomy)'를 활용할 수 있다. 블룸은 교육 목표로서 학습의 영역을 인지적, 정의적, 심동적의 세 가지로 분류하였다. 그리고 각 영역별로 학습하는 내용들을 저수준에서 고수준으로 계층화하여 낮은 단계의 학습이 이루어져야 높은 단계로 나아갈 수 있음을 이야기하였다. 블룸은 인지적 영역에서의 학습 내용은 지식, 이해, 응용, 분석, 종합, 평가 순으로 위계가 있고 고차적 수준으로 나아가게 된다고 말하였다.

2000년대에 블룸의 제자들은 블룸과 함께 개정된 교육 목표 분류(Bloom's Revised Taxonomy)를 발표했다. 여기에서는 인지적 영역에서의 학습 내용이 기억하기, 이해하기, 응용하기, 분석하기, 평가하기, 창조하기로 개정되었다. 지식과 사고의 범주가 동사형으로 바뀌었고, 창조하기가 인지적 영역에서 가장 높은 영역으로 분류되었다.

내가 챗GPT에게 던지는 질문이 어떤 수준의 핵심 지식을 갖추고 있는지 알고 싶다면, 스탠포드 대학교 폴김 교수가 제작한 '블룸의 교육목표분류에 따른 질문 수준 판단기'의 도움을 받을 수 있다. https://ask. smile.stanford.edu 에서 "대한민국의 미래교육은 어떤 방향으로 나아 가야 할까?"라고 질문하면, "이 질문은 Bloom's Taxonomy의 5단계에 속합니다. 이 질문은 대한민국의 미래 교육 방향에 대해 가설을 세우고 창의적인 생각을 요구하며, 예측 불가능한 미래 상황을 고려하여 다양한 가능성을 탐구할 필요가 있습니다. 이 질문은 한국어로 질문되었으나, 문장 구조와 문법적 오류가 없이 명확한 의도를 가지고 질문되었습니다." 라고 답해 준다.

질문의 출발은 메타인지

그리스 델포이 신전의 기둥에는 "너 자신을 알라."라는 글귀가 새겨져 있었고 소크라테스는 이 문장을 화두로 삼아 끊임없는 질문을 통해 진정한 앎게 도달하고자 했다. 공자는 〈논어〉에서 "아는 것을 안다고 하고 모르는 것을 모른다고 하는 것, 그것이 곧 앎이다(知之爲知之 不知爲不知 是知也)."라고 말했다. 마찬가지로, 생성형 AI에게 질문을 던지는 것은 내가 무엇을 모르는지를 깨닫는 것으로부터 시작된다.

1970년대 미국의 심리학자 존 플라벨(John H. Flavell)은 자신의 생각에 대해 판단하는 능력을 메타인지(Metacognition)라고 정의했다*. 메타인지는 자신의 인지 상태에 대해 한 차원 높은 시각에서 관찰·발견·통제·판단하는 정신적 작용이다[**]. '생각에 대한 생각'을 통해 자신이 무엇을 알고 무엇을 모르는지 아는 것이다. 메타인지 능력은 자신의 생각을 인식하고, 조절하고, 학습의 잠재력을 극대화하며 적절한 도덕적 규칙을 적용하여 윤리적인 행동을 할 수 있게 해 준다. 따라서 메타인지 능력이 높을수록 주어진 상황에 자신의 능력과 한계를 정확히 파악하고, 그만큼의 시간과 노력을 적절한 방법과 분량으로 투자하므로 일에 대한 효율이 높아진다.

메타인지가 뛰어날수록, 내가 어느 순간에 어떠한 생성형 AI의 도움을 받아야 할지를 잘 판단할 수 있다. 그리고 질문을 해서 나온 결과물을 윤리적으로 활용하는 과정에도 메타인지가 영향을 줄 것이다. 또한 메타인지는 어지럽게 흘러가는 생각의 가닥들 사이에서 더 '가치 있는' 작업에 다시 주의를 집중시키는 역할을 한다[***]. 따라서 사람과 생성형 AI가 협력하는 과정에서 더 가치 있는 결과물로 수렴해 가는 과정에도 메타인지 능력이 필요하다. 따라서 생성형 AI와 함께하는 시대에는 얼마나 뛰어난 메타인지 역량을 지니고 있는지가 주요한 쟁점으로 떠오를 것이다.

● Folomeeva, T. V., & Klimochkina, E. N. (2020). Metacognition And Social Metacognition In Deciding What Is Relevant In Fashion. In T. Martsinkovskaya, & V. Orestova (Eds.), Psychology of Personality: Real and Virtual Context, vol 94, European Proceedings of Social and Behavioural Sciences (pp. 243–251). European Publisher. https://doi.org/10.15405/epsbs.2020.11.02.30

●● Metcalfe, J., & Shimamura, A. P. (Eds.). (1994). Metacognition: Knowing about knowing. MIT press.

●●● 출처 1: Fox, K. C., & Christoff, K. (2014). Metacognitive facilitation of spontaneous thought processes: when metacognition helps the wandering mind find its way. The cognitive neuroscience of metacognition, 293–319.
출처 2: Allen, M., Smallwood, J., & Rees, G. (2014). Balancing internal and external attention: mind-wandering variability predicts error awareness. Journal of Vision, 14(10), 330–330.

인재상

: 인간의 가치를 부가할 줄 아는 인간에게 필요한 5가지 역량

미국의 와튼스쿨 이선 몰릭(Ethan Mallic) 교수는 "사람들은 계산기가 있는 세계에서도 수학을 가르쳐 왔다. 세상이 또다시 변화했을 때, 그 변화에 어떻게 적응할 수 있을지를 가르치는 것이 교육자들에게 주어진 과제이다."라고 말했다●●●●. 챗GPT 시대에 우리 아이들이 어떤 역량을 지녀야 시대에 적응하고 앞서 나갈 수 있을까?

지식 생산을 이끌어가는 주도성과 기획력

많은 사람들이 챗GPT에 대한 소문을 듣고 프롬프트를 마주하면 단순한 인사나 가벼운 질문을 던져 본다. 몇 가지 잡담을 하면서 '생각보다 괜찮은데?' 또는 '이런 건 잘못되었네.'라고 여기다가 결국 시시하다는 느낌이 들면 창을 닫는다. 우리가 챗GPT를 심심풀이로 체험한다면 이 정도로도 충분하다. 하지만 생성형 AI 시대에 이를 적극적으로 활용하여 성장 엔진으로 삼으려면 강력한 인공지능을 어떻게 활용하여 나의 가치를 더해 갈 것인지에 대해 주도적으로 기획할 수 있어야 한다. 앞으로는 챗GPT에게 무엇을 물어볼 것인지 생각하고, 결과가 도출되면 이를 비판적으로 평가하여 재구성하고 새로운 지식을 창출해 내는 일련의 전 과정

●●●● Mok, A. (n.d.). A Wharton Business School professor is requiring his students to use CHATGPT. Business Insider. https://www.businessinsider.com/wharton-mba-professor-requires-students-to-use-chatgpt-ai-cheating-2023-1

을 계획하고 이끌어갈 수 있는 주도성 그리고 기획력이 중요해지는 것이다.

주도성에 대하여 Kipnis & Schmidt(1988)는 "앞서 대처하는 행동(Acting in advance)"으로 정의하였고, Belschak & Hartog(2010)는 "솔선수범(Self-starting), 미래지향적(Future-focused), 변화지향적(Change-oriented), 지속적인 행동"으로 정의하였다. 즉 주도성은 대응이 아닌 앞서서 나아가는 미래지향적이고 변화지향적인 행동으로 해석할 수 있다. 〈2022 개정 교육과정 총론 주요사항 시안〉에서도 학습자 주도성을 "학습자가 자신의 삶과 학습을 주도적으로 설계하고 구성하는 능력"으로 정의하며 우리 아이들이 미래사회 변화의 주체가 되어야 한다는 점을 강조했다[•]. 챗GPT 시대에 주도적으로 살아간다는 것은 챗GPT가 일으키는 변화의 흐름을 단지 지켜보는 'Watching things happen'이 아니라, 함께 무언가를 만들어 내는 'Making things happen'으로부터 시작된다고 할 수 있다. 인공지능 시대에서도 모든 생각과 창작의 흐름은 결국 사람이 주도해야 한다.

그리고 챗GPT와 함께 무언가를 만들어 보려 한다면, 그 과정과 결과에 대한 기획이 필요하다. 기획(Planning)은 어떤 대상에 대해 그 대상의 변화를 가져올 목적을 확인하고, 그 목적을 성취하는 데에 가장 적합한 행동을 설계하는 것으로 정의된다[••]. 계획(Plan)은 기획을 통해 산출

● 교육부. (2021. 11. 24.). 2022 개정 교육과정 총론 주요사항(시안). 교육부. https://www.moe.go.kr/boardCnts/viewRenew.do?boardID=294&lev=0&boardSeq=89671

된 결과를 의미한다. 인공지능과 함께 일하면서 대화가 엉뚱하게 산으로 가지 않으려면 애초부터 일에 있어 명확한 방향성이 설정되어 있어야 한다. 그리고 재차 묻고 결과의 진위성을 확인하고 수정하는 과정이 어떻게 진행될 것인지에 대하여 일의 흐름에 대한 설계 역시 필요하다.

주도성과 기획력을 가지고 인공지능과 함께 일할 때 중요한 점은 '왜'라는 질문이다. 내가 왜 이 일을 하는지에 대하여 이미 알고 있다면 길을 잃어버리지 않고 끝까지 일을 마칠 수 있게 된다. 중간에 돌발 상황이 발생하더라도 지금 하는 일의 목적과 핵심이 무엇인지 놓치지 않기 때문에, 급변하는 미래 사회의 복잡한 상황들 속에서도 능동적이고 유연하게 대처할 수 있다. 그래서 '왜'라는 고민과 그것에 대한 나름의 답을 찾을 수 있도록 삶의 방향과 이유에 대해 스스로 질문하도록 아이들을 일깨워 줄 필요가 있다.

정보의 정확성을 판단하는 판단력

챗GPT는 생성형 AI이다. 생성형 AI는 정확하게 말하기보다 자연스럽게 말하는 것을 추구하기 때문에, 챗GPT가 만들어 내는 내용에는 정확성에 문제가 있을 수 있다. 챗GPT는 방대한 텍스트를 학습하고 주어진 맥락에서 가장 적절해 보이는 내용을 추론하여 결과물을 내놓는다. 그래서 그 결과가 그럴듯해 보이지만 '진실'과는 거리가 멀 수 있다. 수많은

●● 행정학 사전. (2009). 기획. 대영문화사.

정보들 속에서 패턴을 학습하여 다음에 이어질 말을 자연스럽게 만들어 낼 수는 있어도 스스로 진위 여부를 검증할 수 있는 능력은 아직 없다.

거대 언어 모델이 사실과 허구를 구분할 수 있도록 가르치는 것은 쉽지 않다. 챗GPT의 제작사 오픈AI도 이러한 결함을 고치기 어렵다는 사실을 인정했다. 오픈AI의 최고기술책임자(CTO) 미라 무라티(Mira Murati)는 "우리는 언어 모델의 뛰어난 능력을 잘 알고 있다. 하지만 언어 모델이 내놓는 답변 중에서도 어떤 대답이 유용한지 또는 유용하지 않은 지를 판단하는 것은 쉽지 않으므로, 모델의 조언을 신뢰하기 어렵다."라고 설명했다●. 그래서 생성형 AI와 관련된 기술자들은 대부분 모델이 더 신중하게 답변하도록 학습시키는 방안을 택한다. 그렇기 때문에 우리는 챗GPT에 질문했을 때 가끔 답할 수 있는 질문에도 대답을 하지 않는 경우들을 볼 수 있다.

챗GPT는 정보 획득과 창작에 가속력을 더해 주는 일종의 페달이다. 즉, 책임감있게 나를 도와주는 사람 비서는 아니고 적당한 수준에서 일을 도와주는 기계 친구이다. 그렇기 때문에 챗GPT가 만들어 주는 답변을 맹신하기보다는, 스스로 팩트체크를 하려는 노력이 필요하다. 챗GPT와 같은 생성형 AI는 일에 있어서 참고적인 수준으로는 적극적으로 활용할 수 있다. 그렇지만 이를 제대로 활용하려면 무엇이 진짜고 가짜인지 판단할 수 있는 능력이 필요하다. 이를 위해서 비판적 사고력을

● Heaven, W. D. (2023, January 18). '챗GPT'는 여전히 '헛소리'를 토해낸다. MIT Technology Review. https://www.technologyreview.kr/2022-12-16-chatgpt

바탕으로 거짓 정보를 판단하고, 사실을 확인하기 위해 정확한 지식을 검색할 수 있어야 한다. 그렇기 때문에 앞으로는 디지털 문해력과 미디어 리터러시에 대한 교육이 더욱 중요해질 것이다. 그리고 가짜 정보를 두려워하지 않고 이를 판단할 수 있는 대담함 또한 요구된다. 구더기가 무서워서 장을 담그지 못할 이유는 없기 때문이다. 챗GPT 시대는 AI와 함께 일하는 시대이다. 이런 시대에는 AI 동료의 답변을 비판적으로 평가하여 성찰하고 보완할 수 있는 역량이 종합적으로 중요해질 것이다.

정보를 의미있게 연결하는 구성력

정보화 시대에 접어들면서 쓸 만한 지식들은 이미 넘치게 생산되고 공유되고 있다. 여기에 챗GPT가 더해지며 이제는 인공지능까지도 정보와 지식을 만들어 낸다. 챗GPT 시대에 이를 활용하는 우리에게 요구되는 역량은 우리에게 얻어지는 정보들을 의미있게 연결하여 지식과 지혜로 완성시켜 가는 구성력이다. 글에 있어서 구성이란 준비된 재료들을 효과적으로 짜 맞추어 나가는 일이다. 이렇게 필요한 재료들을 주제와 목적에 맞추어 엮어 가는 작업을 구성이라고 한다[**].

요리사가 재료들을 어떻게 조합하고 어떤 순서로 조리하는지에 따라 요리의 맛과 형태에 차이가 있듯이 챗GPT로 얻어진 정보들을 어떻게 연결하는지에 따라 창작물의 성격은 달라진다. 챗GPT가 준비해 주는

●● Wikimedia Foundation. (2022, February 5). 구성. Wikipedia. https://ko.wikipedia.org/wiki/구성

재료들을 이용하여 우리가 목적한 바를 잘 이룰 수 있도록 의미 있게 연결해 내는 구성력이 지금 이 시대에 필요하다.

그러면 구성력을 기르기 위해서는 어떤 훈련이 필요할까? 우리 주변에서 접하는 다양한 콘텐츠들을 분석하고 재구성해 보는 시도를 해 볼 수 있다. 먼저 기존의 콘텐츠를 중에서 나에게 흥미로운 콘텐츠를 하나 선정한다. 그리고 그 콘텐츠의 구성이 어떻게 되어 있는지 전체적인 뼈대들을 분석한다. 이후 내가 그것을 재구성한다는 상황을 가정해 본다. 콘텐츠를 다른 목적으로 활용하거나, 다른 방법으로 구성해 본다고 가정하여 내가 그 콘텐츠를 구성한다면 다른 결과를 어떻게 만들어 낼 수 있을 것인지 이리저리 새로운 시도를 해 보는 것은 구성력을 높이기 위한 좋은 훈련이 된다.

사람만의 가치를 더하는 인문적 소양과 통찰력

챗GPT가 생성해 준 재료들에 더 큰 가치를 부여하는 것은 사람다운 숨결, 그리고 통찰력에서 비롯되는 사람만의 전문성이다. 앞으로 챗GPT와 같은 생성형 AI가 우리 모두의 업무 생산성을 높일 것이다. 모든 창작의 영역에 챗GPT가 보조적인 도구로 활용되는데 여기에 한 가지 부족한 점은 인공지능이 만들어내는 결과는 새로워 보이지만 결국 평범하고 무난할 수 밖에 없다는 점이다.

생성형 AI가 쏟아내는 콘텐츠들의 홍수 속에서도 사람만의 감성과 신뢰가 묻어 있는 프리미엄 콘텐츠들은 여전히 높은 가치를 유지할 것이다. 따라서 챗GPT가 만들어 준 기본 재료들에 사람다운 인문학적 소양, 그리고 콘텐츠 전반을 아우르는 전문적이고 신뢰로운 통찰력으로 더 높은 부가가치를 창출할 수 있는 역량이 필요하다. 이문열 평역 《삼국지》는 매끄러운 문체와 더불어 중간중간 작가의 생각이 미려하게 덧붙여진 것으로 유명하다. AI가 찍어 내듯이 만들어 내는 콘텐츠가 일반화된 시대에는 이문열의 고유한 시각이 삼국지에 더해지는 것처럼 사람만의 통찰이 더해진 콘텐츠들이 빛을 발하게 된다.

철학자 니체(Friedrich Nietzsche)는 인간을 규정할 때 가장 중요한 특징으로 '자기 자신을 넘어서는 존재'라는 점을 지적했다. 그리고 이 개념은 니체의 '초인(Übermensch)'과도 관련이 있다. 인간이지만, 자기를 넘어서는 존재로서의 인간. 즉, 영어로 하면 'Overcome Oneself'가 인간의 본질이라는 것이다. 그래서 인간은 생성형 AI가 확률적인 추정으로 연결지어 만들어 낸 콘텐츠에 멈추지 않고 뭔가 새로운 것을 보탤 수 있는 힘이 있다. 인간은 본질적으로 그런 활동을 할 수 있는 존재라고 니체는 규정한 것이다.

앞으로는 인공지능이 만들어 준 그저 그런 결과물이 아니라, 사람만의 감성 그리고 진실성이 느껴지는 창작물이 주목받을 것이다. 신뢰과 책임감이 보장되는 전문 자료들로 재서술과 재구성을 해내야 한다. 또한 자신만의 경험을 기반으로 이야기를 풀어 내는 스토리텔링의 진정성이 중요해진다. 이야기를 통해서 독자와 관계 형성하고 그 과정에서 이루어지는 인간적 커뮤니케이션은 사람만이 가능한 부분이다. 그렇기 때문에 앞으로의 시대에는 사람만이 해낼 수 있는 역할과 가치들에 더 힘이 실릴 것이다.

정보 활용 및 지식 재생성 과정에서의 책무성과 윤리성

챗GPT는 오픈 AI의 윤리규정에 따라 설계되었다. 그래서 정치적이고 차별적인 논란을 일으키거나, 불쾌감을 줄 수 있는 내용들에 대해서는 답변하지 않도록 되어 있다. 하지만 이런 기술적인 보완책보다 더 중요한 것은, 인공지능과 관련된 사람들이 책무성을 가지고 윤리적으로 기술을 만들고 활용하려는 태도이다. 이를 위해 챗GPT와 같은 인공지능 기술의 제작 및 활용에 있어서 윤리 규정을 준수하려는 노력과 관련 시민의식에 대한 교육이 더욱 강화되어야 할 것이다.

이와 관련하여 전 트위터 윤리 팀의 리더인 루만 초드리(Rumman Chowdhury)는 '모두가 책임지는 AI'를 제안하였다. 이에 따르면 엔지니어, 기획자, 연구원뿐만 아니라 시민 모두가 더 나은 기술을 만들기 위해 다음 3가지를 실천할 수 있다[*].

> - 내가 인터넷에 남기는, 또는 남기는 않는 데이터까지 모두 저장되고 AI 학습 데이터로 사용될 수 있음을 기억한다. 내가 생성하는 데이터가 AI 모델에 영향을 줄 수 있다.
>
> - 나만의 알고리즘을 만든다. 예를 들어, 나의 이전 선택에 기반해 자동으로 추천되는 콘텐츠가 있더라도 의도적으로 다른 분야, 관점의 콘텐츠를 소비함으로써 나만의 알고리즘을 만들 수 있다.

[*] Chowdhury, R. (2020, January 30). Rumman Vision — combatting the idea that elite technologies only serve a privileged few. YouTube. https://youtu.be/5J5SiwjmpGg

- AI 편향을 해결하기 위해 현실 사회의 차별 해결에 힘쓴다. AI는 사회를 반영하는 거울일 뿐이다.

이처럼 우리 모두가 보다 좋은 AI 기술을 만들기 위해서는 함께 책무성과 윤리성을 바탕으로 책임질 수 있는 구조를 만드는 것이 중요하다. 그리고 챗GPT를 활용하는 과정 그리고 결과물에 이르기까지 이를 활용하는 사람들은 저작물에 대한 책임을 질 수 있어야 한다. 따라서 비판적인 시각으로 AI의 결과물을 판단하고 이를 활용함에 있어서 윤리적인 시각을 견지할 수 있는 역량이 필요하다. 인공지능과 함께 만들어 내는 결과물에 대하여 공정성과 투명성을 유지하고, 그것이 만들어 내는 가치들을 책임감 있게 사회에 환원할 수 있는 인재가 길러져야 할 것이다.

생성형 AI 시대의 교육

누가 가르치나?
교사 그리고 보조교사로서의 챗GPT

우리는 과연 챗GPT 없이 가르칠 수 있을까? 또는 언젠가 챗GPT가 교사를 대체하는 날이 오게 될까? 미래 사회에서는 교사의 계획 안에서 인공지능이 가르치고, 교사는 학생들이 더 깊은 수준의 배움에 도달할 수 있도록 격려하며 조력하게 될 것이다. 지금의 교실 수업에서는 여러 가지 현실적인 이유로 인해 1:1 개별화 교육이 실현되지 못하고 있다. 그런데 챗GPT와 같은 대화형 인공지능 서비스가 AI 튜터로 등장하며 변화의 시작은 이미 예고되었다.

학생들은 챗GPT와 같은 대화형 인공지능을 통해 소크라테스식 대화에 참여하게 될 것이다. 교사는 학생들이 챗GPT에 질문에 대한 답을 바로 요청하기보다 인공지능과의 대화를 통해 자신의 생각을 정리할 수 있도록 조력한다. 예를 들어 시험이 없어야 한다고 생각하는 이유에 대하여 챗GPT와 소크라테스식 대화를 통해 토론해 볼 수 있다.

그리고 챗GPT는 AI 튜터로 활동하며 교사의 수업을 보조하게 된다. AI 튜터는 인공지능에 기반하여 학생의 학습상태를 분석하고, 부족한 부분의 원인을 찾아 이를 개선할 수 있도록 전략을 조언해 주는 서비스다. 사실 1:1 튜터링 방식으로 개별화 수업을 하는 것이 기존의 교실수업보다 효과적이라는 것은 이미 블룸의 2 sigma 효과로 검증된 바 있다[•]. 1984년 블룸은 교사가 1명이고 학생이 30명인 교실 수업 상황에서의 성취도와, 1:1로 튜터링이 이루어지는 상황에서의 성취도를 비교하였다. 그 결과는 상상을 초월하는 차이로 나타났다. 1:1 수업에서의 성취도는 일반적인 교실 수업에서의 성취도를 훨씬 뛰어넘었고, 평균 성취도가 일반 수업을 받은 학생들 중에서 상위 2~3%에 해당하는 학생들의 성적과 같았다.

교육학에서 튜터링 방식의 우수성은 이미 일찍이 검증되었고, 이제는 AI가 교사를 보조하여 1:1 튜터링을 구현하는 데까지 기술과 교육의 협력이 이루어지고 있다. 교사는 챗GPT와 협업하게 될 것이다. 교사는 수업의 내용과 지식 전달의 모든 과정을 설계하고, 학생 개개인의 정서적 측면까지 포함한 보다 폭넓은 의미의 개별화 교육 실현하게 된다. 이때 교사의 역할은 '기획 및 조력자'이다. 교사는 수업 상황에서 비판적 질문과 적극적 경청을 통해 학생 스스로 문제를 성찰하고 답을 찾을 수 있도

• Bloom, B. S. (1984). The 2 sigma problem: The search for methods of group instruction as effective as one-to-one tutoring. Educational researcher, 13(6), 4-16.

록 안내하고 학생의 정서적 안정 및 정신적 회복 탄력성 증진을 돕는 조력자로 활동한다. 인공지능의 역할은 '보조자'이다. 챗GPT는 수업 과정에 최적화된 강의자료를 검색하고 자료들의 여러 가지 조합을 제시하며 반복적인 평가를 대행한다.

또한 챗GPT는 학생들이 더 높은 수준의 영역에 도달할 수 있도록 돕는 중재자로 학습을 도울 수 있다. 이것은 AI가 교수·학습 상황에서 비고츠키의 MKO(more knowledgeable other; 더 많이 아는 타인)의 역할을 하게 되는 것이다. MKO는 말 그대로 학습하는 분야에 대해 더 많은 지식을 갖춘 다른 사람을 말한다. MKO는 대체로 부모나 선생님이지만 때로는 친구일 수도 있고 AI가 될 수도 있다. AI가 학습 주제에 대해 많은 지식을 가지고 있다면 학생들에게 충분히 MKO로 적용이 가능하다.

AI는 MKO로서 학생들이 근접발달영역(ZPD)에 도달할 수 있도록 돕는다. 근접발달영역이란, 학생의 현재 발달 수준과 잠재적 발달 수준 사이에 존재하는 영역으로, 타인의 도움이 있다면 학습이 가능한 영역을 말한다. 교육은 이 근접발달영역 안에서 이루어지는 것이 바람직한데 챗GPT와 같은 AI는 근접발달영역으로의 접근을 돕는 MKO로서 학생들을 조력할 수 있다.

무엇을 가르치나?
더 깊은 문해력의 시대

챗GPT는 단순한 계산과 정보 수집을 대행해 준다. 사실, 생각하는 일을 포함하여 기계는 사람의 귀찮음을 계속 덜어 주어 왔다. 최초의 암산은 주판으로 대체되었고, 주판은 계산기로 대체되었다. 이후 계산기는 컴퓨터와 스마트폰으로 대체되었고 이제는 모든 것을 대체하는 인공지능이 등장했다. 그런데 모든 수학 문제를 인공지능이 풀어 주는 세상에서도 인공지능 개발자들은 여전히 수학을 통해서 인공지능을 개선하고 있다. 챗GPT는 지식을 효율적으로 구조화하여 우리에게 제공한다. 결국 인공지능은 사람에게 근본적 문제에 집중하고 본질적 사안들에 더 많은 시간을 쏟아 해답을 찾아볼 수 있도록 도와주는 것이다.

인공지능 덕분에 사람들은 지식의 본질적인 부분을 더 고찰하고 탐구하고 즐길 수 있는 기회를 얻었다. 과거에 종이로 만들어진 단어사전과 백과사전을 넘기며 지식을 얻기 위해 허비했던 시간들을 생각한다면, 지금은 챗GPT에서 누구나 쉽고 빠르게 정돈된 지식을 얻을 수 있다. 그리고 유튜브에서 쏟아지는 영상과 다양한 학습용 애플리케이션을 통해 관심 있는 영역에 대한 공부를 할 수 있고, 다양한 SNS 채널들을 통해서 전문가들과 소통하며 실제적인 경험과 배움에 더 집중할 수 있게 되었다.

이런 시대에 단순 지식을 전달하는 교육은 종말을 맞이하게 된다. 21세기 학습 방법 중 하나로 여겨지는 디퍼 러닝(Deeper Learning)에 주목해 볼 필요가 있다. 디퍼 러닝에서는 전통적인 학습방식과 다르게, 학생들에게 실제적인 상황을 제공한다. 학생들은 현실 세계의 과제(Real-world Challenges)를 해결하게 되고, 그 과정에서 다양한 문해력을 요구받는다. 이때 학생들의 문제 해결 과정에 도움을 줄 수 있도록 강력한 문해력을 갖춘 도구상자가 필요한데 챗GPT가 그러한 역할을 해 줄 수 있다.

그리고 챗GPT는 일반적인 사무직에서도 단순한 업무들을 대행하게 된다. 그리고 이것은 교육계에도 마찬가지로 적용된다. 그동안 교사의 업무를 간소화하기 위해 여러 노력들이 기울여져 왔는데 앞으로는 챗GPT가 학교 현장에서도 많은 역할을 할 것이다. 사실 선생님의 본질적인 일은 수업이고, 행정을 지원하는 것은 부차적인 부분이다. 그런데 교원의 업무는 비구조화된 성격이 커서, 그동안의 업무 효율화는 요원한 실정이었다. 교원의 업무를 경감하고 효율화하여 선생님들이 학생들과의 수업 및 평가에 더 집중할 수 있도록 앞으로는 생성형 AI의 도움으로 단순한 업무들을 대체하고 도입의 효과성을 측정할 수 있을 것이다.

그런데 그동안 교육 행정이 디지털화되어 온 과정을 되짚어 보면 업무가 효율화된다고 해서 일이 줄어들지는 않을 수 있다. 학교 현장에 컴퓨터가 도입되고 나서 수업을 준비하는 시간은 줄어들었지만 교사들에게 요구되는 공문 처리는 더 많아졌다는 푸념이 있다. 따라서 업무 경감을 위해 챗GPT와 같은 자동화 솔루션을 도입하는 것에 그치지 않고, 교사들이 학생과의 상호작용에 더 집중할 수 있도록 교원의 시간을 확보해 줘야 한다. 이를 위해서는 교육 현장에서의 행정업무들에 대한 근본적인 재구조화 또한 필요하다.

어떻게 평가하나?

과제 도구, 평가 도구로 챗GPT 활용하는 법

평가 고도화와 윤리성 확보: 타당하게 출제하고 평가하기

❶ 어디까지가 표절이고 부정행위인가

챗GPT를 맞이한 학생들은 '더 이상 시험이 존재할 필요가 있을까?'라고 질문할 수 있다. 세상의 모든 답을 챗GPT로부터 얻을 수 있는 것 같기 때문이다. 하지만 챗GPT 이전에도 우리는 인터넷 검색 또는 네이버 지식인 같은 전문가 서비스들을 통해서 어느 정도 답을 얻을 수 있었다. 인간의 학습과 수행의 과정에서는 성찰이 필요하다. 따라서 모든 지식을 손쉽게 얻을 수 있는 시대에도 평가는 나의 역량을 측정하고 이를 통해 성장을 도모하는 과정으로서 중요하게 작동할 것이다.

챗GPT로 글의 도움을 받아 글을 쓰거나 생성형 AI를 활용하여 창작을 하는 것이 일반화되면서 어디까지를 부정행위로 볼 것인지에 대하여 그 경계가 모호해졌다. 학습자들이 어디까지 AI를 쓰는 것이 적절할까? 교육자들은 학습자와 AI의 협력을 어디까지 권고하거나 허용해야 할까? 생성형 AI의 일상화에 따라 우리는 부정행위에 대하여 생각해 볼 필요가 있다. 대표적인 부정행위로는 표절, 중복 제출, 허위 인용, 데이터 조작 등이 있다.

이 중에서 생성형 AI와 관련 있는 사안은 주로 표절이다. 표절은 다른 사람의 아이디어나 작품을 자신의 독창적인 아이디어나 작품으로 속이는 것을 말한다. 예를 들어 출처를 인용하지 않고 책이나 웹사이트, 챗

GPT 등의 생성형 AI 또는 기타 출처의 구절을 그대로 가져오는 것은 표절에 해당한다. 그리고 원본 출처를 밝히지 않고 의역된 내용을 담는 것도 표절로 간주된다.

그런데 생성형 AI 시대에 접어들며, 학습자가 AI를 기반으로 결과물을 만들어 내는 것이 일상화되었다. 학습자들은 다음과 같이 다양한 수준으로 AI를 활용하여 과제를 제출할 수 있다[**].

- (AI 작성) 학생은 AI에 프롬프트만 입력하고, AI가 생성한 결과물을 그대로 복사해서 제출했다.
- 학생은 AI가 생성한 결과물을 읽고, 수정하고, 편집해서 제출했다.
- 학생은 AI를 활용하여 여러 개의 결과물을 생성하고, 가장 좋은 부분들을 사용하여 편집해서 제출했다.
- 학생이 주요 아이디어를 작성했다. 그리고 AI를 활용하여 더 나아지기 위한 피드백을 받고 AI로 초안을 작성했다.
- 학생이 인터넷이나 AI를 활용하여 아이디어를 얻고, 스스로 내용을 작성하여 제출했다.
- (학생 작성) 학생은 AI나 인터넷의 도움 없이, 모든 내용을 스스로 작성했다.

● University of Virginia. (n.d.). What is academic fraud?. University of Virginia. https://honor.virginia.edu/academic-fraud
●● Ditch That Textbook. (n.d.). ChatGPT, Chatbots and Artificial Intelligence in Education. Ditch That Textbook. https://ditchthattextbook.com/ai

많은 교육자들은 위와 같이 더 넓어진 회색 지대를 바라보며 당황하고 있을 것이다. 이제 당황스러운 마음을 진정시키고, 동료 교사 및 학습자들과 실제적인 논의를 해야 한다. 진정한 배움으로 나아가기 위해 어디까지 AI를 활용할 수 있을지 많은 사람들의 의견을 모아 기술에 대한 경계를 설정해야 한다. 챗GPT가 대중에게 알려지기 시작한 초창기에는 많은 교육기관들이 챗GPT의 접속을 차단했다. 하지만 언제까지나 생성형 AI의 활용을 막는 것은 불가능한 일이다.

이제는 시대의 흐름에 맞게 생성형 AI의 올바른 활용을 권고할 때다. 교육자들은 수업에서 달성하고자 하는 학습 목표에 따라 교수자가 개별 수업들에 대해 생성형 AI의 허용 여부를 결정할 수 있다. 단지 부정행위 방지를 위해 무조건적으로 생성형 AI의 활용을 금지하는 것은 오히려 진정한 학습의 여정에 역효과를 일으킬 수 있기 때문이다. 토레이 트러스트(Torrey Trust) 박사는 〈AI 기반 부정행위의 가능성을 해결하기 위한 필수 고려 사항(Essential considerations for addressing the possibility of AI-driven cheating)〉 글을 통해, 부정행위와 관련된 AI의 역할에 대해 고민할 때 명심해야 할 6가지 사안을 언급하였다[*].

· AI 챗봇을 금지하면 디지털 격차가 악화될 수 있다.

● Trust, T. (2023, August 4). Essential considerations for addressing the possibility of AI-driven cheating, part 1. Faculty Focus | Higher Ed Teaching & Learning. https://www.facultyfocus. com/articles/teaching-with-technology-articles/essential-considerations-for-addressing-the-possibility-of-ai-driven-cheating-part-1

- 시험에 기술 사용을 금지하면 접근성이 떨어지고 차별적인 학습 환경이 조성될 수 있다.
- AI 텍스트 감지기는 부정행위를 하는 학생을 적발하는 데 사용되어서는 안 된다.
- 학업성취도 문항을 재설계하는 것은 필수적이다.
- 학생에게는 AI를 통해 학습할 수 있는 기회가 필요하다.
- 과제를 재설계하면 AI를 이용한 부정행위의 가능성을 줄일 수 있다.

❷ 생성형 AI 시대, 평가의 변화

학생들은 어떤 상황에서 부정행위를 많이 할까? 학생들이 학습보다 성적에 더 중점을 두거나[**], 스트레스, 압박감 및 불안이 증가하거나[***], 학업적 성실성, 신뢰 및 관계 구축에 중점을 두지 않거나[****], 수업 자료가 학생들에게 관련성이나 가치가 없다고 인식되거나[*****], 교육이 부실하다고 인식될 때 부정행위를 할 가능성이 더 높다[******]. 이에 따

[**] Anderman, E. (2015, May 20). Students cheat for good grades. Why not make the classroom about learning and not testing? The Conversation. https://theconversation.com/students-cheat-for-good-grades-why-not-make-the-classroom-about-learning-and-not-testing-39556

[***] Piercey, J. (2020, July 9). Does remote instruction make cheating easier? UC San Diego Today. https://today.ucsd.edu/story/does-remote-instruction-make-cheating-easier

[****] Lederman, D. (2020, July 21). Best way to stop cheating in online courses? Teach better. Inside Higher Ed. https://www.insidehighered.com/digital-learning/article/2020/07/22/technology-best-way-stop-online-cheating-no-experts-say-better

[*****] Simmons, A. (2018, April 27). Why students cheat? and what to do about it. Edutopia. https://www.edutopia.org/article/why-students-cheat-and-what-do-about-it

[******] Piercey, J. (2020, July 9). Does remote instruction make cheating easier? UC San Diego Today. https://today.ucsd.edu/story/does-remote-instruction-make-cheating-easier

라 토레이 트러스트 박사는 AI 기반 부정행위를 줄이기 위해 과제를 재설계하는 5가지 방법을 제시하였다[*].

· 명확성: 학습 활동 및 과제를 해야 할 필요성, 그리고 완료에 이르는 단계들을 정확하게 설명한다. 이를 통해 학생들은 단지 '좋은 성적' 이외에도 스스로를 움직이는 동기를 부여받을 수 있다. 그리고 단계별 지침을 제시받으면 과제를 완료할 수 있다는 자신감을 더 많이 느끼고 부정행위에 의존할 가능성이 줄어든다.

· 실제 세계와의 관련성: 되도록 실제 세계에 적용할 수 있는 과제를 만든다. 이를 통해 학생들은 과제가 자신의 삶에 관련되어 있고 가치 있음을 확인하여서 잠재적 부정행위가 방지될 수 있다.

· 유니버설 학습 설계(UDL; Universal Design for Learning): 유니버설 학습 설계는 학습의 장벽을 낮추고 접근성을 높이는 데 중점을 둔 프레임워크다. 이 프레임워크에는 세 가지 주요 원칙이 있다. 다양한 참여 수단, 다양한 표현 수단, 다양한 행동 수단이다. 과제를 재설계하기 위한 프레임워크로 UDL을 사용하면 학생의 흥미와 참여도를 향상시킬 수 있으며, 결과적으로 부정행위를 하기 위해 AI에 의존하려는 경향을 줄일 수 있다.

· 사회적 지식 구성: 다른 사람과의 상호작용을 통해 수업 내용을 더 깊이 이해할 수 있는 기회를 제공한다. 팀 활동을 통해 협력적으로 과제를 수행하거나, 서로 피드백을 주고받거나, 과제를 통해 배운 내용을 외부인들과 공유하도록 장려할 수 있다. 이를 통해 과제의 사회적 관련성과 가치를 높일 수 있고, 이상적으로는 부정행위의

발생을 줄일 수 있다.

· 시행착오 허용: 학생들에게 실패를 통해 배울 수 있는 기회를 제공한다. 실패가 학습의 최종 결과가 아니라 배움의 과정임을 안다면, 과제를 수행할 때 부담감, 스트레스, 불안감을 덜 느낄 수 있다. 피드백에 따라 과제를 수정하고 다시 제출할 수 있도록 하거나, 학습의 숙달을 입증할 수 있도록 여러번의 쉬운 퀴즈를 출제할 수 있다. 시행착오를 통한 학습을 허용한다면 학생들이 부정행위를 위해 AI에 의존하게 만드는 많은 문제를 해결할 수 있다.

생성형 AI와 함께하는 시대에는 평가 지침과 관련하여 AI 활용에 대한 허용 여부 그리고 그 범위에 대한 명시가 필요하다. 만약 생성형 AI의 도움을 받아 과제를 작성하는 것을 허용한다면 과제의 모든 부분에 출처를 명확히 작성하도록 해서 AI를 어떻게 얼마나 활용했는지를 명확하게 적시하도록 안내할 수 있다. 펜실베니아대 교수 · 학습센터에서는 학문적 정직성을 지키기 위해 수업 안에서 생성형 AI를 어떻게 활용하면 좋을지에 대한 정책을 안내하고 있다**. 수업에서 생성형 AI 도구를 사용한다면, 학생들은 사전에 어떻게 사용할 것인지에 대한 계획을 밝히고

● Trust, T. (2023b, August 4). Essential considerations for addressing the possibility of AI-driven cheating, part 2. Faculty Focus | Higher Ed Teaching & Learning. https://www.facultyfocus. com/articles/teaching-with-technology-articles/essential-considerations-for-addressing-the-possibility-of-ai-driven-cheating-part-2

●● University of Pennsylvania. (2023, August 2). Generative AI and Its Implications for Your Teaching. Center for Teaching and Learning. https://ctl.upenn.edu/resources/tech/generativeai

결과물에서는 참조한 출처를 명시해야 한다.

교수·학습 결과물에 생성형 AI 모델을 인용하는 경우, 학술적으로 표준화된 인용 스타일을 따를 수 있다. 예를 들어 오픈AI의 챗GPT가 생성한 내용을 인용하는데 APA 스타일로 표기하고 싶다면 다음과 같이 명시할 수 있다.

OpenAI. (2023). *ChatGPT* (August 3 Version) [Large language model]. https://chat.openai.com/chat.

대표적인 인용 표준들이 제시하는 생성형 AI에 관한 가이드는 다음과 같다.

- APA: https://apastyle.apa.org/blog/how-to-cite-chatgpt
- MLA: https://style.mla.org/citing-generative-ai
- Chicago: https://www.chicagomanualofstyle.org/qanda/data/faq/topics/Documentation/faq0422.html

생성형 AI의 내용을 인용할 때는 읽는 사람들이 정확한 출처와 그 내용까지 알 수 있도록 인공지능이 생성한 응답 전체를 부록에 실을 수도 있다. 왜냐하면 생성형 AI에서는 동일한 프롬프트가 입력되더라도 각 세션별로 고유한 응답을 생성하기 때문이다. 따라서 출처를 명시하는 것과 함께, 생성된 정확한 결과를 문서화하는 것도 중요하다. 애리조나 주립대학교 도서관 가이드에서는 생성형 AI 서비스들의 영구 링크 (Permanent Link) 공유 기능을 활용하여 생성된 결과물을 스냅샷 형태로 공유하는 방법도 권고하고 있다[*].

그리고 생성형 AI 시대에는 수업 그리고 평가 방식에 대한 전반적인 변화가 필요하다. OECD의 국제학생평가 프로그램인 PISA는 2025년부터 '디지털 세상에서의 학습'을 평가에 포함한다[**]. PISA에 따르면 기술은 복잡한 현상을 탐구하고 자신만의 아이디어를 디지털로 표현하여 다른 사람과 공유할 수 있는 새로운 기회를 제공한다. 학생들이 미래 현실 세계의 문제를 해결하기 위해 능동적이고 자율적인 테크놀로지 사용자가 되어야 한다. 이에 따라 PISA는 학습하는 동안의 메타인지와 디지털 도구를 활용한 문제해결력, 두 가지 필수적인 역량을 평가하고자 한다.

인공지능을 비롯하여 디지털 기술을 학습에 적극적으로 활용하여 미래 사회에 대비하고자 하는 목소리가 점차 높아지고 있다. 따라서 AI를 기반으로 진정한 배움에 도달하고 미래 역량을 함양하는 수업과 평가의 방향에 대한 연구와 실천이 계속되어야 한다. 전반적으로는 소규모 수업, 학습 및 과제에 관하여 효과적인 동기 유발과 보상, 합리적인 교육을 위한 좋은 교수진이 필요할 것이다. 생성형 AI 시대에 수업과 평가의 변

● Arizona State University. (n.d.). Permanent Links to Generative AI Results. ASU Library. https://libguides.asu.edu/c.php?g=1311696&p=9756477
●● OECD. (n.d.). PISA 2025 Learning in the Digital World. PISA. https://www.oecd.org/pisa/innovation/learning-digital-world

화와 관련하여 몽클레어 주립대학교에서 낸 생성형 AI 대응 전략은 살펴볼 만하다[•].

> 〉교수 전략
>
> · 학생들과 학문적 정직성에 대해 토론하고 성찰하기
>
> · 학습과 관련된 행동 및 습관에 대한 보상을 제공하기: 시험이 보상을 받을 수 있는 유일한 방법이라면, 학생들이 부정행위를 고려할 가능성이 더 커짐.
>
> · 평가 방식과 기준을 검토하여 학생들이 올바르고 적절한 학습 전략을 채택할 수 있도록 지원하고 있는지 확인하기
>
> · 생성형 AI를 활용하는 경우 올바르게 인용하도록 안내하기
>
> 〉과제 설계 전략
>
> · 수업 자료 및 노트 등 인터넷에서 참조할 수 없는 출처를 활용하여 과제를 작성하도록 하기 ⑩ 수업 시간에 논의한 이론가 중 두 명을 참조하세요.
>
> · 단순한 단답형 과제보다는 다양한 매체를 활용하도록 요청하기 ⑩ 멀티미디어 프로젝트로 과제를 제출하세요.
>
> · 실제 경험과 연결고리 만들기: 시사적인 사건이나 발언을 참조하기, 개인적인 지식이나 경험을 학습 주제에 적용할 것을 요청하기
>
> · 소셜 미디어를 활용해 학생들이 상호작용을 통해 글쓰기에 참여하도록 하기
>
> · 과제 마감을 분할하여 제시하기: 과제 개요, 과제 아이디어 메모, 과제 초안 등 최종 제출에 앞서서 개별 요소에 대한 마감일을 분할하여 제시하기

〉수업 전략: 거꾸로 수업의 확장

- 수업시간을 글쓰기, 디자인, 종합 및 창작에 활용하기
- 읽고, 보고, 이해한 내용을 수업 시간에 적용하고, 시연하고, 수행하도록 요청하기
  - 예 학생들에게 수업 시간동안 답안을 작성하게 하거나 구두로 응답하게 하기
  - 예 수업 시간에 소그룹을 나누어 학습 주제에 대해 발표하게 하기
  - 예 수업에 간단한 퀴즈, 시험 등 기타 평가 요소의 통합: 짧은 깜짝 퀴즈를 자주 실시
- 이런 평가는 출석에 대한 보상이 되며, 학습에 대하여 즉각적이고 유용한 피드백을 제공
- 개별 평가에 대한 배점이 작으면 학생의 미도달이 학습에 있어 오히려 유용한 정보가 될 수 있음.

● Montclair State University. (2023). Practical Responses to ChatGPT and Other Generative AI. Montclair State University's Office for Faculty Excellence. https://www.montclair.edu/faculty-excellence/teaching-resources/clear-course-design/practical-responses-to-chat-gpt

또한 생성형 AI를 활용하여 대필이나 대작을 했는지 여부에 대해서 검증할 수 있는 가이드를 비롯하여 시스템적 보완도 중요해질 것이다. 학교 현장에서는 수행평가와 관련하여 평가 기준표를 사전에 제시하더라도 수행과제 전문을 사전에 공개하는 것을 피할 수 있다. 그리고 근본적으로는 학생이 직접 작성했는지 확인할 수 없는 유형이 평가에 반영되는 것을 방지해야 할 것이다. 따라서 과제로 제출하는 서술형 평가보다는 대면으로 지필평가나 구술평가가 진행되거나 수행 과정이 차곡차곡 쌓이는 과정중심 평가가 강화될 필요가 있다. 또한 학생의 경험을 바탕으로 독창적인 아이디어를 더해야 하는 주제가 평가 문항으로 제시하는 등 생성형 AI만으로 해결하기 어려우면서도 깊이 있는 지식과 사고가 요구되는 문항이 출제되어야 할 것이다.

다만 평가라는 영역 그 자체가 성취도라는 구인을 측정하여 평가 규준에 따라 이를 분류해 내는 일반성을 어느 정도 전제로 두기 때문에 학생들의 독창적인 요소들을 모든 개별적 상황들에서 도대체 어떻게 평가할 것인지가 문제가 될 수 있다. 따라서 학생들의 산출물 안에 자신의 경험을 바탕으로 독창적인 요소가 포함되어있는지를 평가 루브릭 중에 일부 항목으로 추가하는 정도가 독창성 판단에 대한 현실적 대안이 될 수 있다.

생성형 AI의 평가 보조

챗GPT가 교사의 평가를 대체할 수 있을까? 챗GPT의 제작사 오픈AI에서는, 챗GPT가 학생을 평가하기 위한 목적으로 활용되는 것은 사용 정책에 위배된다고 밝히고 있다•. 그 이유로는 챗GPT가 기반하고 있는 거대 언어 모델 자체가 편향되고 부정확한 결과를 생성해 낼 수도 있기 때문이다. 또한 교사가 출제와 피드백을 생성형 AI에 의존하는 것은 교육계의 윤리, 궁극적으로는 평가의 정당성에 심각한 문제가 제시될 수 있다. 따라서 교사 스스로가 평가를 교육의 고유 영역으로 여기고 완전히 인공지능으로 대체하는 것에 대하여 경계하며 윤리적 태도를 견지해야 한다.

대한민국 법원은 교사들의 시험 문제를 법적 저작물로 간주한다. "고등학교 교사들이 소속 학교 학생들의 학업수행 정도의 측정 및 내신성적을 산출하기 위하여 남의 것을 베끼지 아니하고 출제한 시험 문제의 질문의 표현이나 제시된 답안의 표현에 최소한도의 창작성이 있는 경우, 그 시험 문제가 저작권법상의 저작물에 해당한다."라고 하며 무단으로 시험 문제를 업로드한 인터넷 사이트는 저작권을 침해했다고 보아 인터넷 사이트의 손해배상책임을 인정했던 사례가 있다(서울중앙지방법원 2006. 10. 18. 선고 2005가합73377 판결 참조). 시험 문제는 법적으로 저작

• OpenAI. (n.d.). OpenAI platform. OpenAI Platform. https://platform.openai.com/docs/chatgpt-education

권이 인정되는 만큼 교사들은 그 고유성에 대하여 무거운 책임을 가지고 더 타당한 출제와 피드백이 이루어질 수 있도록 평가 영역에서의 윤리성 확보 및 고도화에 힘을 기울일 필요가 있다.

이에 따라 챗GPT와 같은 생성형 AI 서비스들은 교사의 평가 업무와 관련되어 새로운 아이디어를 얻거나 평가 관련 자료들을 제작하는 보조적인 역할을 할 것이다. 생성형 AI가 평가를 보조할 수 있는 대표적인 분야는 자동 문항 생성(Automatic Item Generation)이다. 자동 문항 생성 시스템에서는 교사가 대표 문항을 입력하면 생성형 AI가 이를 분석하여 유사한 문제를 만들어 준다.

교사들에게 유용하게 활용될 평가 기록 보조 서비스들이 나와 있다. 이 가운데 두 가지를 골라 아래에 소개한다.

• 클리포: clipo.ai
과정중심 평가지원 서비스 클리포(CLIPO)에서는 교사가 학생들을 채점하면, 수행평가를 설계할 때 입력했던 성취기준를 바탕으로 학생에 대한 평가 기록을 AI가 생성해 준다. 그리고 학생 생활기록부 작성에 활용할 수 있는 다양한 평가 기록을 AI가 제안해 주고, 기존의 평가 기록을 AI가 요약해서 총괄평가에 참고할 수 있는 문장도 생성해 준다.

• 키위: korean.ai
디지털 글쓰기 평가학습 엔진 키위(KEEwi;Korean Essay Evaluation with AI)는 AI를 통해 교사의 글쓰기 평가를 도와준다. 키위는 한국어 기반 글쓰기 학습 및 평가 엔진으로, 문법적 정확성, 어휘의 풍부성, 문장 구성력 등 글을 객관적으로 평가할 수 있는 여섯 개 지표를 활용해 에세이 평가와 첨삭을 도와준다. 이를 통해 사람이 글을 평가하는 것보다 더 빠르게 글을 분석하고 세부적인 첨삭 결과까지 제공할 수 있다.

IB의 변화

국제바칼로레아기구(IBO)는 지난 2023년 2월 챗GPT에 대한 입장을 밝혔다[*]. 정교한 에세이 답변을 작성할 수 있는 챗GPT와 같은 AI의 발달로 인해 많은 논의가 이루어지고 있다고 말하며 IBO는 AI의 사용을 금지하지 않기로 했다고 말했다. IBO가 밝힌 가장 큰 이유는 무조건적인 금지는 혁신에 대처하는 잘못된 방법이기 때문이다. 그러나 AI 도구의 활용은 IBO의 학업 윤리 정책에 부합해야 하고, IBO는 모든 학교가 학생들의 다양한 유형의 학습 그리고 부정행위에 대해 논의할 것을 당부하였다. 챗GPT에 대한 IBO의 성명서의 내용을 요약하면 다음과 같다.

- 챗GPT를 금지하는 것이 아니라 학생들이 AI를 윤리적으로 활용하도록 도울 것
- 학생들이 챗GPT가 생성한 결과물을 학생 본인이 직접 쓴 것처럼 속이지 않는 것이 중요하다.

● Glanville, M. (2023, February 28). Why ChatGPT is an opportunity for schools. International Baccalaureate. https://www.ibo.org/news/news-about-the ib/why-chatgpt-is-an-opportunity-for-schools

- 과거에도 학생들이 돈을 주고 인터넷으로 에세이 과제를 맡기는 경우와, 외부 과외 교사나 가족이 이를 대필해 주는 경우 등이 있었다. 이런 위반 사례들을 교사들과 IB가 적발하고 대처해 왔다.
- 장기적으로 IB 시험에서 에세이의 비중을 대폭 줄여 나갈 것
- 작문이 제대로 됐는지, 맥락을 놓치지는 않았는지, 편향된 데이터를 썼는지, 창의성이 부족한지 등을 이해하는 능력 등이 작문 자체보다 훨씬 중요해질 것
- AI가 작문을 해 주는 시대에, 우리는 학생들이 다양한 기술들을 익히도록 해야 한다.
- 챗GPT를 학교 교직원들이나 평가 종사자들이 두려워하기보다는 오히려 기회로 활용해야 한다.
- 맞춤법 검사기, 번역 소프트웨어, 계산기 등과 마찬가지로 AI가 일상의 일부가 될 것이라는 점을 받아들여야 한다.

왜 생성형 AI를 사용해 교육해야 하나?
인간의 창의적·비판적 사고력을 자극하는 챗GPT 활용교육

챗GPT를 창의성 엔진으로 활용하라

챗GPT는 창작의 출발점과 가속력을 제공한다. 우리는 기존의 검색 엔진과 큐레이션의 시대를 지나서, 이제는 창의성 엔진의 시대를 맞이하고 있다. 우리는 챗GPT에 질문을 하고 답을 얻는 과정에서 새로운 아이디어를 얻을 수 있는데 이것은 창작의 불씨를 일으킨다. 챗GPT는 세상에

없는 새로운 아이디어를 내놓지는 않지만, 기존 지식들의 맥락을 파악하여 무난한 아이디어들은 빠르게 생성해 준다. 우리는 이런 아이디어들을 기반으로 더 깊은 생각들을 이어갈 수 있다.

챗GPT는 일상적인 내용에서부터 전문적인 영역에 이르기까지 다양한 내용들을 사람같이 답해 준다. 챗GPT가 우리에게 주는 최고의 장점 중 하나는 기존에 혼자서 해야 했던 아이디어 발굴 작업을 인공지능과 함께 해볼 수 있다는 점이다. 보통의 상황에서 우리는 다른 사람들과 협업하면서, 혼자만의 생각에 매몰되지 않고 다양한 생각을 비교 · 분석하며 더 좋은 결과를 도출한다. 그런데 경제적인 또는 보안상의 이유로 인해 많은 사람들과 협업하기 어려운 상황이라면 챗GPT의 도움을 받아 풍성한 아이디어를 얻을 수 있다.

또한 챗GPT는 창작 과정에서 사람과 상호작용을 통해 창작의 가속도를 제공한다. 챗GPT는 글을 쓰거나 작곡을 할 때, 채팅창에서 사용자가 입력한 대화들을 기억하여 사용자의 스타일을 학습하고 이를 기반으로 창작물을 만들어 준다. 즉 챗GPT는 빠르게 창작할 수 있는 밑그림을 나의 스타일을 반영하여 제공해 주는 것이다.

인공지능 시대에 사람에게 필요한 것은 손과 엉덩이가 아니라 바로 머리다. 기존에는 내 상상을 표현하기 위해 관련 기술을 습득해야 했고 오랜 시간을 공들여야 했다. 이제 챗GPT 시대에 창작가들에게 필요한 것은 목표를 현실화하는 의지와 계획이다. 교육 분야도 챗GPT를 창의성 엔진으로 삼아 새로운 전환을 꿈꿀 필요가 있다.

완전히 새로운 창작물은 결국 사람으로부터 나온다

챗GPT는 제너럴리스트

그런데 우리를 도와주는 챗GPT는 제너럴리스트이다. 챗GPT는 Common Crawl 기관(https://commoncrawl.org)이 수집하고 정제한 매우 방대한 데이터를 학습한다. 여기에는 웹사이트, 전자서적, 위키 백과사전 데이터들이 포함되었고 전문가의 칼럼이나 기사들이 다수 수록되어 있다. 따라서 챗GPT의 답변에는 우리가 선행연구를 통해 얻을 수 있는 전문가들의 의견이 이미 녹아들어 있다.

핵심적인 사실은 챗GPT와 같은 자연어 모델이 학습을 하고 결과를 출력할 때 입력된 데이터를 그대로 사용하지 않고 단어나 문장의 통계적 특성을 확률적으로 활용한다는 것이다. 즉, 학습용으로 입력된 데이터는 그대로 출력되지 않는다. 입력된 지식들이 압축되어 저장되고, 압축된 지식들로부터 '확률적으로 재생성된 지식'이 출력된다. 이 과정에서 흩어져 있는 낱개의 지식들은 동일하거나 유사한 것들끼리 묶이고 압축되기 때문에 챗GPT가 배우고 기억하는 내용들은 일반화된 지식(Common Knowledge)이다. 그리고 아주 특이한 내용들은 확률의 특성을 고려했을 때 학습되지 않고 사라지거나 중요도가 축소될 가능성이 있다.

챗GPT가 학습하는 데이터는 완벽하게 고유한 정보들로만 이루어지지 않았기 때문에 중복을 고려하여 압축적으로 학습하고 통계적으로 결과를 출력하는 것이 당연히 효율적이다. 이렇듯 챗GPT가 한 개인이 감당할 수 없을 만큼의 지식을 다루고 있다는 점은 분명한 사실이다. 하지만 챗GPT의 원리를 생각해 보면 챗GPT가 생성하여 답하는 지식들은 다소 일반적이고 보편적일 수밖에 없다.

완전한 창작의 어려움

그래서 챗GPT가 세상에 없는 무언가를 창조해 내는 것은 불가능하다. 설령 새로운 것이 생성된 것처럼 보이더라도 그것은 기존에 있던 일반화된 지식들을 재구성하여 조금 다른 무언가를 만들어 낸 것일 뿐이다. 지식 생성과 관련된 준거의 틀로 흔히 DIKW(Data, Information, Knowledge, Wisdom) 모델은 데이터, 정보, 지식, 지혜 간의 위계 관계가 있음을 설명한다. 인간은 자료를 구조화하여 정보로 정리하고, 이를 누적하여 지식을 구성하는 과정에서 지혜가 발달한다. 이 모델을 통해 인간이 지식을 생성하는 과정을 살펴보면 생성형 인공지능이 지식을 생성하는 과정이 인간과 다름을 알 수 있다. 챗GPT는 많은 데이터를 학습하여 사람의 질문에 대해 정보와 지식을 제공한다. 그렇지만 완전히 새로운 지식을 만들어 내기는 어려우며 사람만의 가치가 더해진 지혜를 제공할 수도 없다.

알파폴드(AlphaFold)처럼 정교하게 특화된 영역에서 이제껏 없던 새로운 솔루션을 만들어 내는 사례도 있다. 알파폴드는 유전자 염기서열을 기반으로 단백질 구조를 예측하는 인공지능인데 생물학자들을 괴롭혀 온 많은 문제를 해결했다. 알파폴드의 예측은 신약 개발에서부터 플라스틱을 소화할 수 있는 효소 연구에 이르기까지 다양한 범위에서 과학자들에게 유용한 도구가 되고 있다. 하지만 알파폴드는 애초에 굉장히 특수한 영역을 위해 개발되었으며 매우 제한적으로 작동되는 인공지능이다.

결국 챗GPT가 대신해 줄 수 없는 것은 사고력이다

사실 인공지능이 사람의 일자리와 창작 활동을 대체할 것이라는 우려는 꾸준히 계속되었지만 마음의 안전지대는 존재했다. 많은 사람들이 위안을 삼았던 지점은 사람의 창의성이 필요하거나 돌봄이 필요한 일은 사람만이 할 수 있으니, 이제 사람은 그런 일들에 집중하면 된다는 식이었다. 그런데 챗GPT는 아주 혁신적인 수준이 아닌 정도의 창의성은 기계가 사람을 대체할 수 있다는 것을 보여 주었다. 그리고 이것은 글쓰기뿐만 아니라 그림, 음악, 영상에서도 마찬가지이다.

따라서 챗GPT시대에는 창작물의 양보다 질이 중요해진다. 물론 결과물의 질은 결국 창작을 시도하는 양으로부터 기인하지만 이제는 모두가 생성형 AI의 도움을 받아서 대량의 창작물을 쏟아낼 수 있게 되었다. 따라서 그저 그런 창작물의 홍수 속에서 인공지능과 함께 사람만의 고유하고 특별한, 그리고 돋보일 수 있는 창작물을 만들어 낼 수 있는 창의성이 중요해질 것이다. 또한 챗GPT가 보편화되며 스스로 생각해 내는 힘이 약해질 수 있기 때문에 사고력 또한 중요해질 것이다.

스스로 생각하도록 지원하는 교육

이제 챗GPT에게 물어보기만 하면 완전한 답은 아니더라도 어느 정도 매끄러운 답은 즉시 얻을 수 있다. 그래서 우리는 혼자 시간을 두고 생각해 볼 기회를 더 잃어버릴 것이다. 지금도 많은 사람이 스스로 생각해 보는 것보다 곧바로 검색하여 답을 얻기를 원한다. 하지만 단순한 지식을 얻기에 만족하고 생각의 깊이를 더 진전시키지 않는다면 결국 깊이 있는 생각을 하는 역량이 퇴화될 것이다. 따라서 앞으로는 의도적으로 한 번

더 생각할 기회를 제공하고 이를 지원하는 교육적인 설계가 중요해진다.

수학 영역에서 계산기는 지루한 연산 과정을 생략해 주고 더 정확한 결과에 다다를 수 있도록 도와준다. 그래서 고등 수학에서 계산기를 적극적으로 활용하는 것은 수학을 더 즐겁게 만들어 주기도 한다. 하지만 챗GPT는 계산기와는 다르다. 우리가 쓰는 글은 단순한 의사소통을 위해 존재하는 것이 아니라 생각을 담아내는 그릇이자 사고력의 척도이기 때문이다. 글쓰기는 그 자체만으로도 생각의 깊이를 더하는 훈련이 된다. 학생들이 챗GPT에 과제를 의존하게 되면 자신의 생각을 명확하고 간결하게 표현하는 방법을 잊어 버리게 된다. 생성형 AI가 학생들을 대신해서 계속해서 무언가를 만들어 낸다면 학생들은 스스로 생각하고 결과물을 만들어 내는 과정을 배우지 못할 것이다.

글을 쓰는 것은 자신의 생각을 키우는 훈련으로 이 훈련은 인류 유산의 끄트머리에 있는 문제들에 계속 도전할 수 있도록 우리에게 정신적인 밑바탕을 제공한다. 인류의 발전은 생각과 사고의 본질을 파악하고 사회 문제를 해결하기 위해 끊임없이 도전하는 과정이라고 생각한다면 그러한 부분을 지원하는 것이 교육의 본질이라고 할 수 있다. 따라서 글쓰기와 생각을 챗GPT에 의존하는 대신 글의 아이디어나 필요한 자료들을 얻는 일 또는 맞춤법을 고치는 간단한 작업들은 아웃소싱해야한다. 그리고 교육은 학생들이 스스로 생각하는 훈련을 할 수 있도록 의도적이며 구조적으로 지원해야 할 것이다.

쉼이 있는 교육

끊임없이 쏟아지는 정보의 홍수 그리고 인공지능의 답변들 속에서, 교사들은 학생들에게 쉼을 제공해야 한다. 이러한 의도적 멈춤 속에서 학생들은 스스로 성찰해 볼 기회를 얻게 된다. 챗GPT를 통해 알게된 지식, 그리고 수업 시간에 얻은 다양한 경험을 나만의 지혜로 내면화하기 위해서는 때로 물리적, 비물리적 멈춤이 필요할 수 있다. 교육학자 피아제의 '조절'과 '동화'는 이러한 내면화를 통한 성장 과정을 설명해 준다.

그렇기 때문에 효율, 속도, 규모의 경제라는 원칙이 무조건 교육의 과정과 결과에 적용되는 것을 경계해야 한다. 교육의 최종적인 목표는 최적화가 아니라 인간의 전인적인 성장이기 때문이다. 따라서 때로는 다소 비효율적으로 보일지라도 잠시 인공지능으로의 접속을 멈추고 쉼의 시간을 제공하는 것이 오히려 학생들이 스스로 생각을 일으키고 다져가는 데 도움을 줄 수 있다.

비판적, 논리적 사고력 교육

챗GPT는 우리의 토의 상대자로 활동할 것이다. 앞으로는 정치 토론회에서 후보자들이 챗GPT와 토론하는 모습을 보게 될 수도 있다. 우리는 챗GPT에게 교육적 논의의 명확성에 대해 피드백을 요청할 수 있고, 교육 문제들을 해결하기 위한 방안들을 더 명확하게 제시하기 위해 유용한 정보들을 얻을 수 있다. 다만 생성형 AI는 정확한 정보를 제공하기보다는 자연스러운 대화를 이어가는 플랫폼이기 때문에 학생들이 기존의 검증된 자료들과 비교를 통해서 가짜 정보를 가려낼 수 있도록 비판적 사고력을 길러 줄 필요가 있다. 인공지능이 틀린 답을 주었을 때도 무조건 맹신하지 않고 이를 검증하고 반성적으로 성찰해 보려는 교육이 필요하다.

그리고 챗GPT가 제시한 답을 학생들 스스로 재구성해 볼 수 있는 구성력, 그리고 이 과정에 대한 전반적인 흐름을 설계할 수 있는 기획력이 필요하다. 또한 인공지능이 제시한 정보들을 의미 있게 연결하고 사람만의 가치를 더하는 일련의 과정들 진행해 나가는 논리적 사고력이 더욱 요구될 것이다. 따라서 인공지능과 함께 살아가는 아이들이 인공지능으로부터 얻어진 정보와 지식을 논리적으로 완결하여 사람만의 부가가치를 만들어 낼 수 있도록 조력하는 교육이 필요하다.

그래서 지금 준비되어야 하는 것들

동기를 부여하는 교육과정의 필요

노암 촘스키 교수는 기존의 교육 시스템이 재미없고 실패했기 때문에, 학생들이 끔찍한 과제들을 챗GPT에 맡기기 시작했다고 설명했다. 그리고 챗GPT에 대응하는 교육자들의 방식이 실패한 교육시스템을 답습하고 있다고 지적하였다[•]. 챗GPT가 단순한 지식을 정리해 주고 가벼운 창작을 대신해 주는 시대에는 학생들이 스스로 생각하고 사람만의 창의성을 발현할 수 있어야 한다. 그리고 그 과정이 지속되기 위해서는 결국 학생들에게 동기를 부여하는 교육과정을 어떻게 설계하고 실행할 것인

● Teacher Development Webinars. (2023, January 26). Noam Chomsky – Advances in AI: ChatGPT | Human Brain. YouTube. https://youtu.be/-NMR5JXp37k

지가 중요한 문제로 떠오른다.

챗GPT가 거의 모든 것에 대한 답을 줄 수 있기 때문에 학생들의 지적 능력이 저하되지 않을까 하는 우려가 있다. 이에 대하여 뇌과학적 측면을 살펴보자. 우리 뇌에서 지식을 논리적으로 정리하여 말로 표현하게 하는 곳은 베르니케 영역이다. 그리고 챗GPT는 사람의 뇌에서 베르니케 영역이 하는 일을 대신해 준다. 만약 학생들이 모든 언어표현을 챗GPT로 대신하고 그 후속작업을 아무것도 하지 않는다면 우리 뇌의 지적 기능은 퇴화될 것이다. 그런데, 인간의 뇌는 생각보다 만만치 않다.

카이스트 생명과학과 김대수 교수는 챗GPT를 뛰어 넘으려는 뇌의 메커니즘에 대하여 다음과 같이 설명한다●. 알파고가 이세돌 프로를 이겼을 때, 많은 사람들은 충격에 휩싸여서 바둑이라는 스포츠가 사라질 것이라고 여겼다. 그런데 실제로는 인공지능 바둑 프로그램의 발전과 더불어 바둑 기사들의 학습 수준도 높아져서 바둑의 전반적 수준은 오히려 높아졌다고 평가된다. 챗GPT를 통해 잘 정리된 지식을 접했을 때 우리의 뇌는 여기에 안주하는 것이 아니라 이를 창조적으로 재해석하려 시도한다. 그리고 이런 과정을 통해 뇌의 시상하부에서 도파민이 분비되면서 만족감이 이어진다. 이른바 '동기 부여'다.

수많은 기술이 인간의 활동과 생각을 대체해 온 역사 속에서도 인간의 뇌는 계속해서 진화했다. 챗GPT와 협업하고 이를 넘어서려는 노력

● SBS. (2023, February 13). [D리포트] 교육 현장 변혁 예고...뇌 과학으로 살펴 본 챗GPT. SBS NEWS. https://news.sbs.co.kr/news/endPage.do?news_id=N1007078208

속에서 창조적인 아이디어를 만들어 내는 전두엽의 연합 영역이 발달될 수 있다. 사람이 인공지능을 어떻게 활용하느냐에 따라서 발달하는 뇌의 부위가 달라진다. 기술의 진보에 맞서 퇴화되기보다 진화하는 뇌를 만들기 위해서는 학생들이 챗GPT의 결과를 스스로 확장시켜 나갈 수 있도록 동기를 부여하는 교육이 필요하다.

교육 거버넌스 및 규범 수립

많은 교육 관계자들이 챗GPT를 교육에 활용하는 방안에 대하여 고민한다. 그런데 문제는 챗GPT가 일반적인 목적을 위해 개발된 인공지능이라는 점이다. 따라서 장기적으로는 교육 AI 모델의 방향성을 수립하고 교육에 적합한 AI 모델이 개발될 수 있도록 생성형 AI 시대의 교육 거버넌스가 마련되어야 한다. 이를 통해 AI 개발자들을 비롯한 업계 관계자과 정책 입안자들의 협력이 적극적으로 이루어져야 할 것이다. 그리고 기업들의 책임감 있는 AI 개발과 배포를 위한 교육계의 지원 역시 요구된다.

기업계에서는 안전하고 책임감 있는 AI 모델 개발을 위해 마이크로소프트, 엔트로픽(Anthropic), 구글, 오픈AI등 주요 AI 개발 업체들이 모여 프론티어 모델 포럼을 출범했다[••]. 이 포럼에서는 책임감 있는 AI 개발을 촉진하고 잠재적 위험을 최소화하기 위한 AI 연구를 발전시키는 데

•• Microsoft. (2023. July 26). Microsoft, anthropic, Google, and OpenAI Launch Frontier Model Forum. Microsoft On the Issues. https://blogs.microsoft.com/on-the-issues/2023/07/26/anthropic-google-microsoft-openai-launch-frontier-model-forum

목표를 두고 있다. 그리고 정책 입안자, 학계, 시민 사회와 협력하고 지식을 공유하여 책임감 있는 AI 개발을 발전시키고 사회 문제를 해결하기 위해 AI를 활용하는 노력을 지원하고자 한다. 프론티어 모델 포럼에서는 교육계를 비롯하여 사회 여러 분야의 참여를 촉구하고 있다. 우리나라 역시 이러한 사례를 참조하여 기술과 교육 분야가 협력하여 AI와 교육의 안전한 발전을 위해 상호작용하는 거버넌스를 구축할 수 있을 것이다.

AI의 일반적인 활용과 관련하여 유럽연합은 인공지능법 초안을 통해 AI의 위험도를 4단계로 분류하고, 고위험군에 해당하는 AI 서비스에 비교적 강력한 규제를 시행하려 하고 있다. 국내에서도 2023년 초 〈인공지능 책임법안〉 발의를 통해 챗GPT를 인공지능의 주요 응용 사례로 언급하면서 EU와 유사하게 고위험군 인공지능에 특화된 규제의 필요성을 말하였다. 한편에서는 고위험군 인공지능에 대한 규제가 공상과학적 상상에 기반한 과잉 입법이라는 비판도 있다. 생성형 AI 사회에 기여할 가능성을 과소평가하면서 창의와 혁신을 위축하는 규제 만능주의는 경계해야 한다는 것이다. 따라서 교육을 비롯하여 사회 각 분야에 AI 활용이 확산되고 있는 지금, 생성형 AI에 대하여 교육 분야에서도 실증적인 연구를 통해 근거 기반으로 규제와 혁신의 균형을 잡을 필요가 있다.

이처럼 교육계는 AI의 책임감 있는 활용을 위한 지침을 세우고 이를 확산시키기 위해 노력을 기울여야 한다. 전 세계적으로 에듀테크 회사들이 교육에 적합한 AI를 개발하기 위해 사전에 데이터를 필터링하고 내부적으로 모델의 안정성을 검토하며 전문가의 평가를 받고, 교육계의 모니터링을 통해 안전한 인공지능 서비스를 제공하는 데 힘을 쏟고 있다.

하지만, 여전히 유해한 정보와 조언, 그리고 부정확한 정보가 생성될 가능성은 배제하기 어렵다. 따라서 교육계에서도 자체적인 윤리 규범을 확립하여 이를 준수할 필요가 있으며 사용자들 역시 비판적인 시각으로 인공지능을 활용해야 할 것이다.

generative
AI